KB041201

셜록 홈즈 퍼즐 게임

★ ★ ★

범죄 사건으로 퍼즐 풀기

셜록 홈즈 퍼즐 게임

초판 1쇄 발행 2021년 7월 31일
초판 2쇄 발행 2023년 1월 30일

지은이 피에르 벌로퀸
옮긴이 최경은
펴낸이 한승수
펴낸곳 문예춘추사

편집 이상실, 권민성
디자인 심지유
마케팅 박건원

등록번호 제300-1994-16
등록일자 1994년 1월 24일
주소 서울시 마포구 동교로27길 53 지남빌딩 309호
전화 02-338-0084
팩스 02-338-0087
블로그 moonchusa.blog.me
E-mail moonchusa@naver.com

ISBN 978-89-7604-471-6 (03690)

※책값은 뒤표지에 있습니다.
※잘못된 책은 구입처에서 교환해 드립니다.

셜록 홈즈 퍼즐 게임

범죄 사건으로 퍼즐 풀기

피에르 벌로퀸 지음
최경은 옮김

문예춘추사

역자 후기

탐정소설을 좋아하는 독자들이라면 아서 코난 도일 소설의 주인공인 셜록 홈즈와 그의 친구 왓슨 박사에게 친근한 애정을 지니고 있으리라 생각한다. 퍼즐·두뇌 게임 및 시나리오 작가이자 창작 컨설턴트로 유명한 이 책의 저자 피에르 벌로퀸 역시 코난 도일 소설의 애독자로서 셜록 홈즈와 왓슨 박사의 모험을 담은 퍼즐 책에 많은 애정을 쏟고 있는 것 같다.

이 책에서 저자는 코난 도일의 단편 〈마자랭의 보석〉, 〈등나무 저택〉, 〈제2의 얼룩〉, 〈라이기트의 수수께끼〉, 〈그리스어 통역사〉, 〈브루스-파팅턴호 설계도〉에서 셜록 홈즈와 왓슨 박사가 펼치는 대활약을 바탕으로 다양한 유형의 퍼즐들을 재미있게 엮어가고 있다.

단순히 숫자나 기호만을 맞추는 퍼즐 책과는 다르게 이 책은 소설의 스토리를 바탕으로 한 여러 상황에 대해 논리적 추론뿐만 아니라 때로는 등장인물의 행동 양식 및 심리 상태까지 꿰뚫어야 해답을 찾을 수 있는 문제들을 포함하고 있다.

예를 들어 로마 메시지(3장)와 같은 패턴 찾기 문제, 경찰 보고서(6장)와 같은 상황 추리 문제, 세 명의 신사(1장)와 같은 복잡한 심리 상태가 가미된 문제 등 다채롭고 흥미로운 퍼즐들을 적절하게 배열하여 독자들에게 지루할 틈을 주지 않는다. 번역을 하는 작업 역시 흥미로움의 연속이었으니까.

특히 순서대로 책장을 넘기는 것이 아닌 피에르 벌로퀸의 독특한 구성 방식은 이 책이 갖고 있는 묘미 중 하나가 될 것이다. 덕분에 나 역시 영국의 거리 구석구석을 이곳 한국의 책상에 앉아 여행하는 기분을 느껴볼 수 있었다.

그럼에도 한국의 독자들이 약간 아쉬워할 수도 있는 점은, 이 책이 영어 원서이다 보니 어휘나 언어의 구조적 차이로 인해 풀기 난해한 단어 퍼즐 문제들이 일부 포함되어 있다는 것이다. 그러나 셜록 홈즈 작품 원전을 잘 이해하고 있는 독자들이라면 어렵지 않게 풀 수 있는 어휘들이고, 혹여 난해하더라도 해답을 참고하면 충분히 이해하고 공감하리라 본다.

Contents

서문

기존의 책읽기 방식처럼 챕터 1부터 한 장씩 넘기며 차례대로 읽는 게 아니다. 우리의 명탐정이 사건을 해결할 때 단서를 찾아 이리저리 다니는 것처럼 챕터를 여기저기 건너뛰어 다니게 될 것이다! 셜록 홈즈, 그리고 평생지기 동료 왓슨 박사와 함께 모험을 즐겨보자.

1 **퍼즐 챌린지:** 각 챕터에는 24개의 퍼즐이 수록되어 있다. 여섯 편의 셜록 홈즈 고전에서 영감을 받은 이 퍼즐에는 홈즈와 왓슨이 활동했던 시기의 유명한 인물, 배경 및 기묘한 사건들이 담겨 있다. 흥미를 더하기 위해 미스터리를 추가하고 원작에서 홈즈와 왓슨이 풀어야 했던 것보다 더 큰 난관을 의도적으로 배치하는 등 내용을 약간 재구성했다. 여러분의 셜로키언 추리력을 시험해볼 기회가 될 터인데, 상대적으로 다소 쉬운 문제도 포함되어 있다. 혹시 풀다가 막히면 언제든 책 뒤편에 있는 퍼즐 정답편을 보아도 된다.

2 **지도 챌린지:** 각 챕터에는 지도가 들어 있다. 퍼즐을 푼 뒤 아래쪽 상자를 참고하면 지도에서 다음 목적지가 될 곳의 단서를 얻을 수 있다. 이 목적지에는 다음에 풀어야 할 퍼즐의 번호와 이름이 있다. 앞서 언급했듯 홈즈가 추리력을 펼치며 이곳저곳을 돌아다니는 것처럼 여러분도 퍼즐을 풀며 각 챕터를 넘나들 것이다. 혹시 풀다가 막히면 언제든 책 뒤편에 있는 지도 정답편으로 넘어가 제대로 가고 있는지 확인해도 된다.

3 **셜록 챌린지:** 이 챌린지는 책 전반에 걸쳐 있다. 페이지 아래쪽, 지도-단서 상자 중 어떤 것에는 숫자가 적힌 셜록의 돋보기가 있다. 이것을 발견하면 176~177페이지로 넘어가라. 여기에는 각 챕터별로 텅 빈 그리드가 있는데, 지시에 따라 그리드를 완성하면 셜록 홈즈의 명언이 나타날 것이다.

여러분의 모험에 행운이 함께하길!

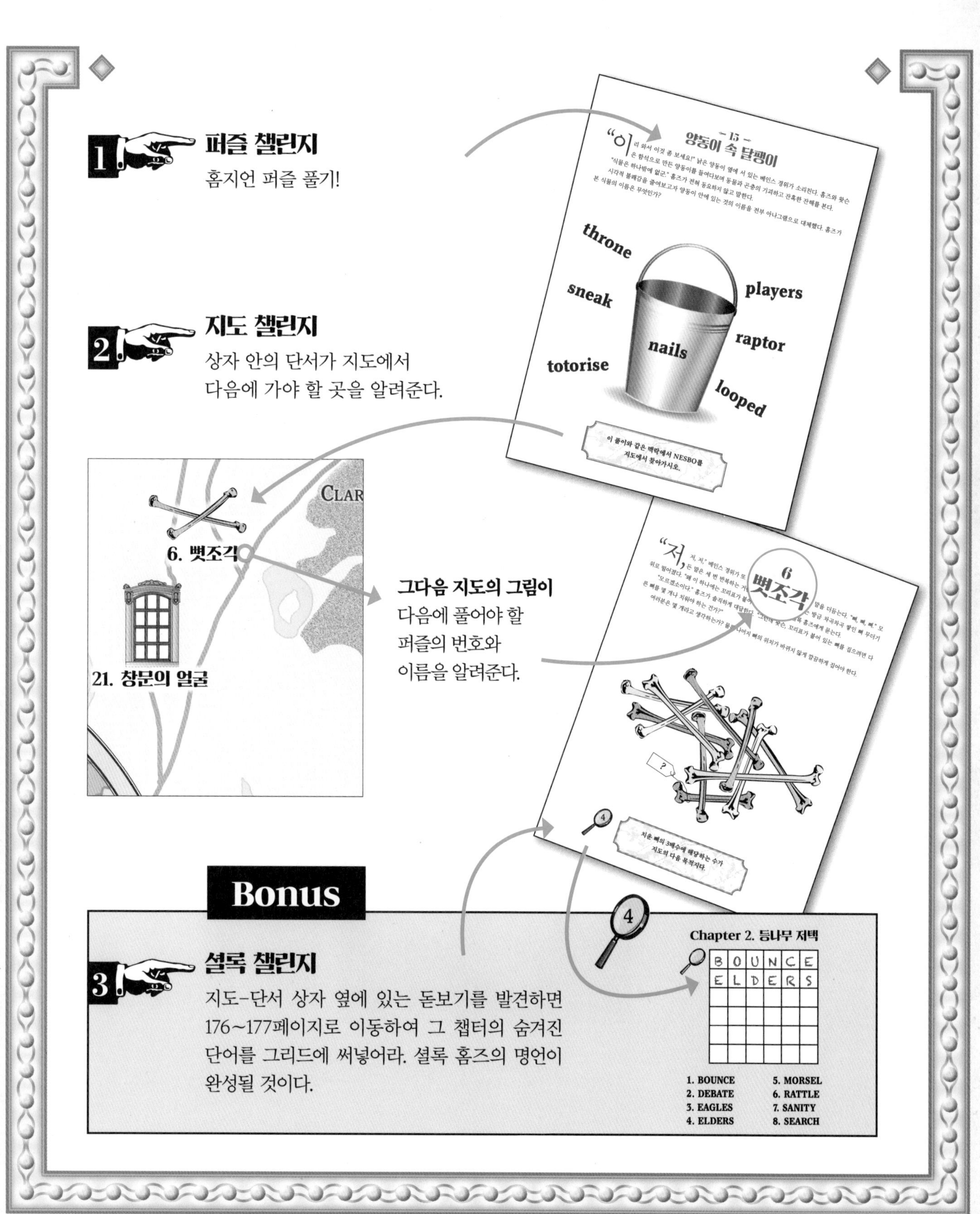
1
퍼즐 챌린지
홈지언 퍼즐 풀기!
2
지도 챌린지
상자 안의 단서가 지도에서
다음에 가야 할 곳을 알려준다.
15
양동이 속 달팽이
throne
sneak
players
raptor
nails
totorise
looped
CLAR
6. 뼛조각
21. 창문의 얼굴
그다음 지도의 그림이
다음에 풀어야 할
퍼즐의 번호와
이름을 알려준다.
6
뼛조각
?
4
Bonus
3
셜록 챌린지
지도-단서 상자 옆에 있는 돋보기를 발견하면
176~177페이지로 이동하여 그 챕터의 숨겨진
단어를 그리드에 써넣어라. 셜록 홈즈의 명언이
완성될 것이다.
4
Chapter 2. 등나무 저택
BOUNCE
ELDERS
1. BOUNCE
2. DEBATE
3. EAGLES
4. ELDERS
5. MORSEL
6. RATTLE
7. SANITY
8. SEARCH

CHAPTER 1
마자랭의 보석

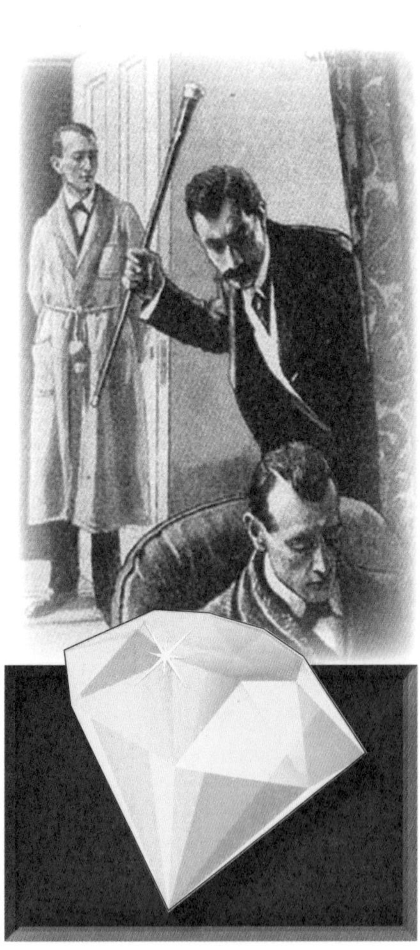

'마자랭의 보석의 모험'은 왓슨이 서술자가 아니라는 점에서 다른 셜록 홈즈 이야기와 분명한 차이가 있다. 3인칭 시점이고 왓슨의 서술은 거의 없다. 이 독특한 처리 방식은 작가 코난 도일 경이 애초에 이 작품을 희곡으로 썼기 때문에 생긴 것이다. 사건이 일어나는 배경이 베이커 거리에 있는 셜록의 지저분한 방 한 곳이라는 점도 원작이 미친 영향이다. 이야기는 왓슨이 방 안의 익숙한 물건들을 둘러보며 추억을 음미하는 것으로 시작된다. 그러나 곧 사건이 발생하고, 셜록 홈즈는 온갖 위험을 무릅쓰고 사건을 해결한다. 홈즈와 동행하며 관련된 퍼즐을 풀어보자.

서문에서 설명한 대로 10~11페이지 지도를 여행의 길잡이로 활용하라. 사건을 최종적으로 해결할 때까지 이야기 속의 낯선 장소를 다니고 기묘한 사건을 푸는 데 반드시 필요할 것이다.

12페이지의 첫 번째 퍼즐부터 풀어라. 다 풀면 아래쪽 상자에 있는 단서를 보고 지도의 다음 목적지를 알아낸다. 그곳에는 다음으로 풀어야 할 퍼즐의 번호가 적혀 있다. 이런 식으로 퍼즐과 지도를 계속 왔다 갔다 반복하면서 모험의 마지막 퍼즐까지 가보자.

즐거운 여행 하시길!

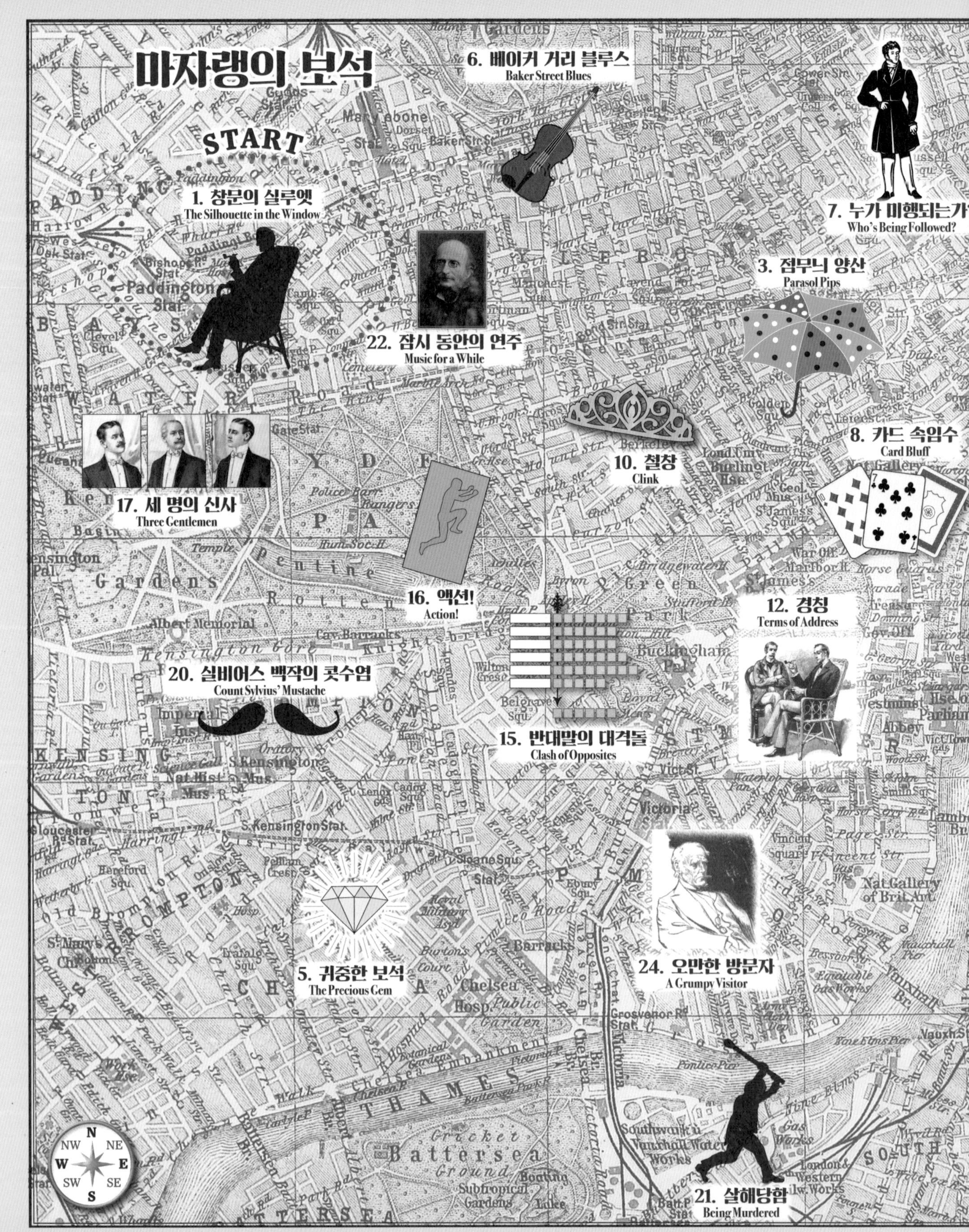

마자랭의 보석
START
1. 창문의 실루엣
The Silhouette in the Window
6. 베이커 거리 블루스
Baker Street Blues
7. 누가 미행되는가?
Who's Being Followed?
3. 점무늬 양산
Parasol Pips
22. 잠시 동안의 연주
Music for a While
10. 철창
Clink
8. 카드 속임수
Card Bluff
17. 세 명의 신사
Three Gentlemen
16. 액션!
Action!
12. 경칭
Terms of Address
20. 실비어스 백작의 콧수염
Count Sylvius' Mustache
15. 반대말의 대격돌
Clash of Opposites
5. 귀중한 보석
The Precious Gem
24. 오만한 방문자
A Grumpy Visitor
21. 살해당함
Being Murdered
N
NE
E
SE
S
SW
W
NW

11. 행방
On His Tail
9. 전자 경보기
Electric Alarm
23. 네 개의 귀중한 다이아몬드
Four Famous Diamonds
4. 노부인
An Old Woman
13. 도난당한 보석
Stolen Jewels
19. 행동 강령
Code of Conduct
14. 부하
Henchmen
2. 체포
The Arrest
18. 거리의 갱단
Street Gangs

1

창문의 실루엣

홈즈는 자신을 노리는 적들을 속이기 위해 자신을 본뜬 실제 크기의 밀랍 인형을 만들어서 창문 앞에 놓았다. 얼핏 보면 안락의자에 앉아 조용히 책이라도 읽는 것 같지만, 사실 홈즈는 마을로 나가 조사를 하는 중이다.

위의 실루엣들을 자세히 보면 조금씩 다르다. 오직 하나만이 홈즈와 완벽하게 닮은꼴이다. 어느 것일까?

왓슨은 바이올린을 보고
'베이커 거리 블루스'의
선율이 떠올랐다.
지도에서 이 악기를 찾아가시오.

2
체포

홈즈는 임무를 완수했다. 이제 경찰에게 인계할 시간이다. 그런데 하필 수갑들이 서로 엉켜 있다. 화살표가 가리키는 수갑을 집으면 몇 개가 같이 올라올까?

지도에서 다음 목적지는
불만에 찬 사람이다.
수갑을 차고 있어서 그런 건 아니다.

3

점무늬 양산

전날 실비어스 백작을 미행했던 사람이 홈즈 자신이었음을 확인시켜주기 위해, 변장할 때 썼던 양산을 백작에게 보여준다. 백작은 화가 치밀었지만 감쪽같이 속았던 물건을 보자 이내 인정할 수밖에 없었다. 이 양산의 흑백 점무늬는 무작위로 찍힌 게 아니라, 홈지언 로직에 따른 것이다!

양산의 빈 구역에는 몇 개의 흑백 점이 와야 할까?

**점이 있는 또 다른 물건이
지도의 다음 목적지다.**

4
노부인

HAMPER
TRENCH
BUTTER
MULLET
SWEARS
SCALPED
SALOON
CHAMP
SHADE
BRASH

홈즈는 용의자들을 직접 미행하고 싶지만, 대중적으로 너무나 알려져 있기 때문에 변장을 하여 정체를 숨기고 다닌다. 여러 가지 변장 중 하나는 노부인이다. 때론 아주 작은 차이로 완전히 다른 사람이 되기도 한다. 이건 단어에서도 마찬가지다. 한 글자만 바뀌어도 완전히 다른 단어가 되기도 한다.

위 목록에 있는 모든 단어들은 철자를 하나만 바꾸면 도구의 명칭이 된다. 단, 한 단어는 그렇지 않다. 어느 것일까?

지도에 있는 도난당한 보석으로
10만 파운드의 절도 미스터리 사건을
접하게 될 것이다.

5

귀중한 보석

셜록 홈즈는 보통의 다른 사람들처럼 행동하지 않을 때가 있다. 도난당한 보석을 되찾은 쾌거를 이룬 순간 보통은 자부심과 만족감으로 의기양양해질 것이다. 하지만 홈즈는 다르다. 그는 보석을 손에 넣자 다이아몬드 커팅의 복잡한 구조에 대해 생각하기 시작한다.

아래 다이아몬드에는 숫자들이 일정한 논리에 따라 들어 있다. 물음표 자리에 올 숫자들은 무엇인가?

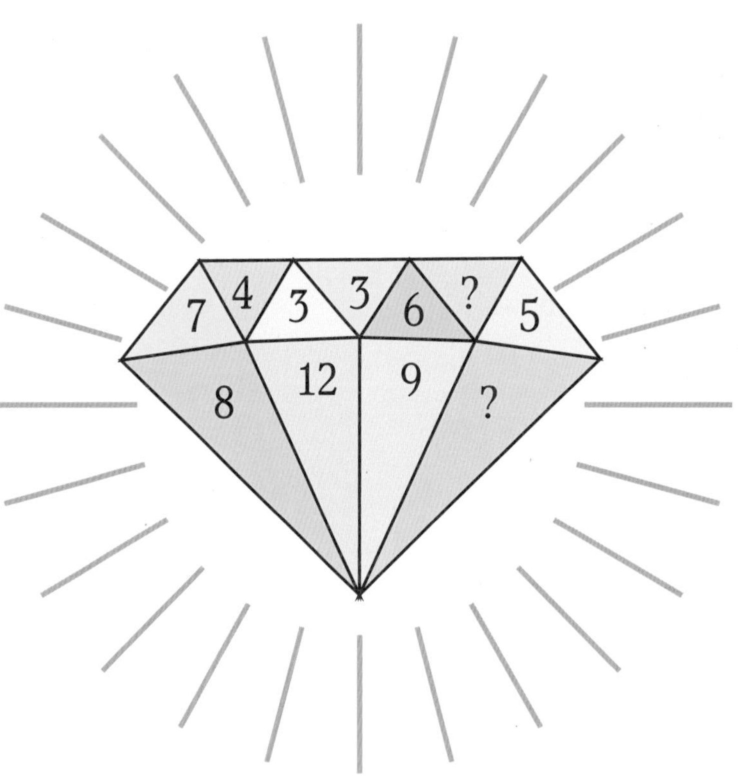

위쪽 삼각형에 들어갈 숫자에
2를 곱한 값이
지도의 다음 목적지다.

6
베이커 거리 블루스

왓슨은 베이커 거리에 있는 홈즈의 방을 오랜만에 찾아왔다. 익숙한 물건들을 둘러보니 추억이 되살아난다.

그리드 아래 세로로 놓인 글자들을 위쪽의 정사각형 세로줄에 넣어 왓슨의 향수 어린 감정을 읽어 낼 수 있겠는가? 순서를 잘 정해 넣는 것이 관건이다. 검정색 정사각형은 단어들 사이에 위치한다.

W	A	T	S	O	N	■	L						■						■			■		
	■										C	■							■				■	
				■			■					I					■				■	V		
			-					■				■					-						L	

E	A	T	C	C	A	F	E	C	F	E	C	D	C	A	A	L	N	D	C	A	H	E	I	B
E	I	C	H	I	E	N	L	I	H	H	E	I	C	H	A	R	T	S	H	E	T	T	L	E
L	N	N	S	O	N	S	T	O	O	I	E		C	O	L	S		S		T	T	V	T	H
W		S			O				T	K	M			R	O	U		T		U				O

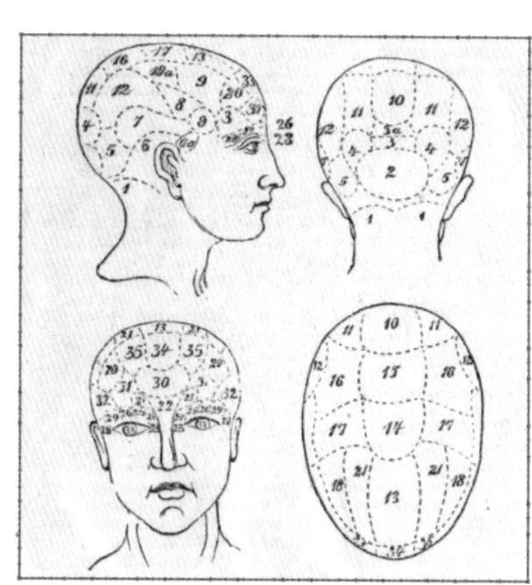

귀중한 다이아몬드는 네 개이지만,
그중 한 개만 지도에서 찾아가면 된다.

7

누가 미행되는가?

셜록 홈즈는 다양한 모습으로 변장을 하고 실비어스 백작과 그 일행의 뒤를 밟아왔다.

아래 정보를 바탕으로 누구를 미행해왔는지 추론할 수 있는가?

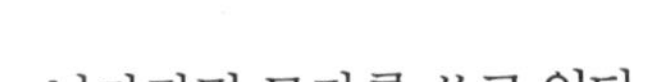

- 남자라면 모자를 쓰고 있다.
- 여자라면 무언가를 들고 있다.
- 모자를 들고 있는 사람이라면 꽃도 들고 있다.
- 무언가를 들고 있는 사람이라면 지팡이를 갖고 있지는 않다.
- 목걸이나 넥타이를 착용하고 있는 사람이라면 신발이 보인다.

**꽤 괜찮고 근사한 세 명의 인물이 있다.
이들이 지도에서 다음 목적지에 대한 단서이다.**

8

카드 속임수

홈즈는 실비어스 백작과 나눈 대화를 카드 게임에 비유하는데, 카드 게임에서 각 플레이어는 상대방보다 한 수 앞서기 위한 수를 쓴다. 상대방의 허점을 찌르는 방식으로 홈즈는 백작이 가진 카드를 추론해낸다.

한 명이 카드 한 장을 뒤집어놓는 실수를 했지만, 당신도 아래 세 패에서 공통점을 추론할 수 있을 것이다. 뒤집힌 카드의 모양과 숫자는 무엇인가?

이 카드의 숫자에 5를 곱한 수를
지도에서 찾아가시오.

9

전자 경보기

왓슨은 마가랭이 보석만큼 비싼 다이아몬드가 철저하게 보호되지 않았다는 사실이 믿기지 않는다.

"하지만 정말 그랬다네!" 셜록이 말한다. "최신식 전자 경보기가 설치되어 있지만 결정적인 문제가 있었어. 회로판의 마스터 연결 장치가 전체 시스템을 제어하게 되어 있는데, 도둑들이 그 연결 장치를 빼냈던 거야. 완전 무방비 상태가 되었지."

도둑들이 빼낸 연결 장치는 무엇일까? X 표시된 지점에 딱 맞게 끼워서 A와 A, B와 B 등으로 연결되어야 한다.

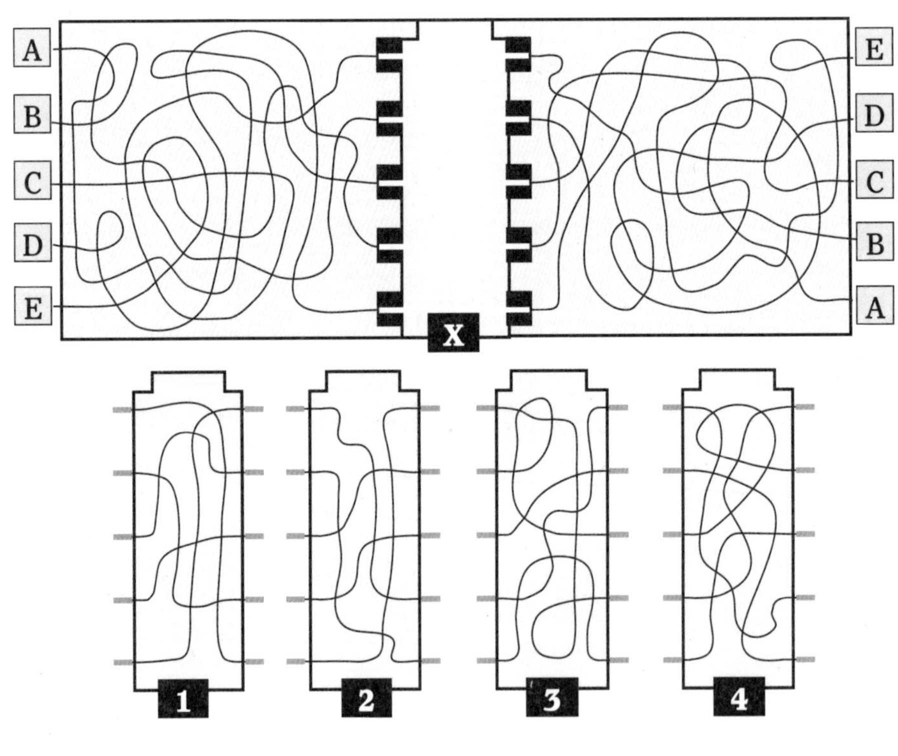

알맞은 연결 장치의 숫자에
6을 곱한 다음 1을 뺀 수가
지도의 다음 목적지다.

10

철창

홈즈는 실비어스 백작으로부터 마자랭의 보석을 넘겨받기 위해 백작이 받게 될 형량을 예측하여 설명한다. 자신의 주장에 설득력을 더하기 위해 백작의 이전 절도 사건을 하나하나 나열하고 사건마다 수감 기간이 얼마나 나올지 분석한다.

"엘리자 공주에게서 훔친 왕관은 당신이 예상했던 것보다 값이 덜 나간다 해도 1,000파운드라오. 그러니 28주 4일의 징역형을 선고받게 될 것이오."

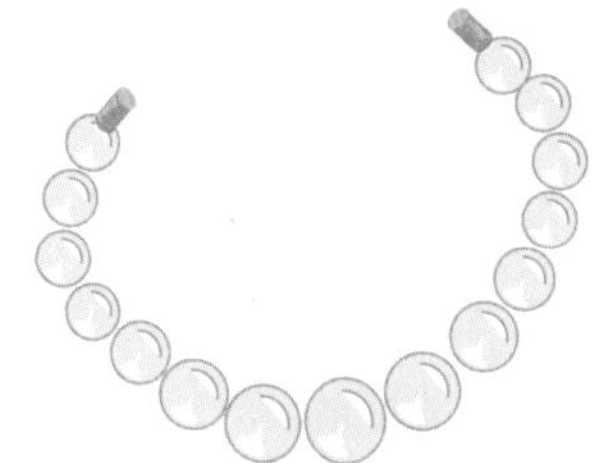

"그다음 마틸다 부인의 목걸이는 1,830파운드로 추정되니, 1년 1일 동안 수감될 것이오."

"2만 3,000파운드 보험에 가입된 라파엘의 걸작에 대해서는 12년 30주 6일의 징역형을 받게 될 것이오."

"그러니까 합리적으로 판단하고 마자랭의 보석을 넘기시오. 10만 파운드 다이아몬드에 대해 얼마의 형량이 나올지 직접 계산해보란 말이오!"

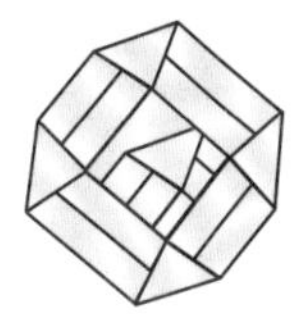

실비어스 백작이 마자랭의 보석에 대해 복역해야 할 수감 기간은 몇 년일까? 주와 일 단위까지는 계산하지 않아도 된다.

정답인 햇수를 3으로 나누고 4년을 더한다.
그 수가 지도에 있는 다음 목적지 번호이다.

11

행방

셜록 홈즈와 헤어진 뒤, 왓슨은 누군가가 자신을 뒤쫓아오고 있다는 의심이 들어 목적지까지 우회로를 택했다. 그 느낌이 맞았다. 어떤 남자가 그를 미행하고 있었던 것이다. 아래는 그를 미행한 사람이 작성한 보고서의 마지막 부분이다. 왓슨은 어디로 가고 있었는가?

"박사는 앞으로 곧장 가더니 왼쪽으로 꺾었다가 한 번 더 왼쪽으로 꺾었다. 브로드 가까지 계속 걸어갔다. 그다음 서쪽으로 돌아 왼쪽의 세 번째 길을 택했다. 의심에 찬 눈초리로 주변을 둘러보긴 했지만 침착하게 길을 따라 내려갔고, 그러다가 갑자기 왼쪽의 좁은 골목길로 돌진했다. 그를 놓친 줄 알았는데 골목 끝에서 남쪽으로 향하는 그의 실루엣이 보였다. T-교차로에서 왼쪽으로 돌아 길을 건넜고 반대편 길을 따라 북동쪽 방향으로 갔다. 아마 미행하는 자를 따돌렸다고 생각했을 것이다. 왜냐하면 그는 약간 오른쪽으로 곧게 뻗은 다른 길을 택해 브로드 가로 되돌아올 때까지 차분하게 계속 걸었기 때문이다. 그러다가 오른쪽으로 돌아서 왼쪽 네 번째 길로 갔다. 그리고 그 길 끝에 있는 목적지에 도착했다."

여행 지도에서 미행되고 있는 또 다른 사람을 찾아가시오.

12
경칭

실비어스 백작은 명탐정과 꽤 친밀해졌다고 생각하고 '홈즈'라고 부른다. 그러자 즉시 홈즈의 볼멘 소리가 들려온다. "실비어스 백작, 내 이름을 부를 때 꼭 경칭을 붙여주길 바라오."

나중에 왓슨이 이 이야기를 듣고 너무 형식에 치중하는 것 아니냐고 놀리면서 다양한 형태의 경칭을 붙여본다. "이런 경칭들은 어떤가?"

"친애하는 박사님, 이 목록에서 세 개의 경칭을 삭제해도 모든 알파벳 글자가 존재한다는 것을 아시나요?" 탐정이 대답한다.

세 개의 경칭은 무엇인가?

YOUR LORDSHIP 주군

CITIZEN 시민

THE VERY REVEREND 존경하는 목사님

HIS EXCELLENCY 각하

MY LADY BARONESS 남작 부인

THE CROWN PRINCE 황태자

HIS GRACIOUS HIGHNESS 전하

THE RIGHT HONORABLE 백작 부인

THE DUKE OF… 공작

HER MAJESTY THE QUEEN 여왕 폐하

세련된 양산이
지도의 다음 목적지다.

13

도난당한 보석

실비어스 백작이 훔친 물건 중 가장 값나가는 것은 단연코 마자랭의 보석이었다. 하지만 그 일당은 몇 가지 다른 보석들도 주머니에 챙겼고, 그렇게 해서 얻은 총액이 정확히 10만 파운드에 달했다! 아래의 귀중한 보석들 중 또 어떤 것을 훔쳤을까?

마자랭의 보석
9만 파운드

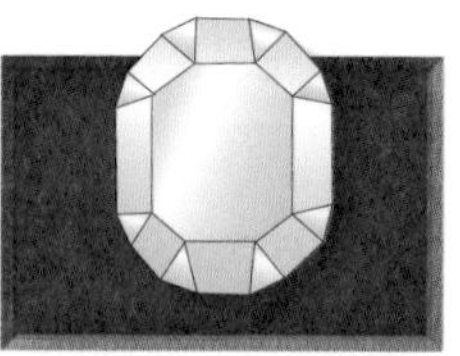

손샤이어의 왕자
5,700파운드

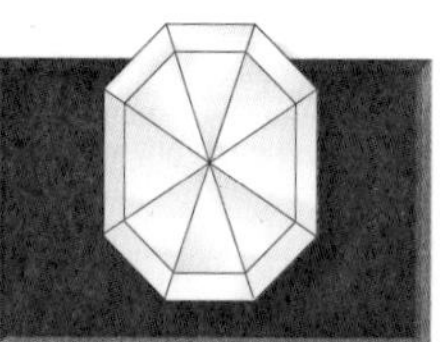

엘 디스토
4,500파운드

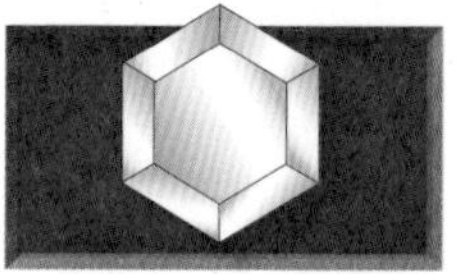

블라인트하임
3,700파운드

스리스워 공작
3,200파운드

가틀 보석
2,000파운드

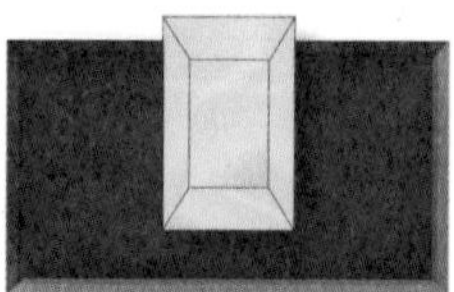

포세이돈
1,800파운드

아버스 왕자
1,500파운드

지도에서 전자 경보기를 찾아가시오.
경보기의 복잡한 회로에 이상이 없어야 한다.

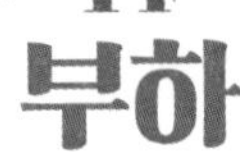

14

부하

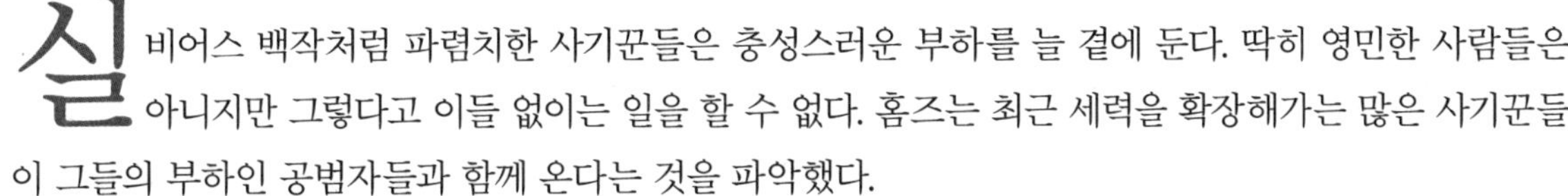

실비어스 백작처럼 파렴치한 사기꾼들은 충성스러운 부하를 늘 곁에 둔다. 딱히 영민한 사람들은 아니지만 그렇다고 이들 없이는 일을 할 수 없다. 홈즈는 최근 세력을 확장해가는 많은 사기꾼들이 그들의 부하인 공범자들과 함께 온다는 것을 파악했다.

아래 정보를 이용하여 각 사기꾼과 부하를 연결 지으시오.

3월에 실비어스, 그레이스톤, 페트로비치,
그리고 잭워트가 만났고, 각각 자신의 부하인
버트, 행크, 에디, 샘과 함께 왔다.

5월에 함께 모인 사람은
다리우스, 페트로비치, 하비, 실비어스였는데,
그들은 행크, 네드, 샘, 그리고 이안과 함께 있었다.

6월에 실비어스, 안젤리니, 그레이스톤,
다리우스가 만났는데,
거스, 버트, 샘, 네드와 함께 왔다.

그레이스톤, 잭워트, 하비, 다리우스,
안젤리니 부하들의 이름을 순서대로 적으시오.
이름들의 첫 글자들로 이루어진 단어가
지도상의 다음 목적지의 첫 번째 단어이다.

15
반대말의 대격돌

"실비어스 백작은 속아 넘어가는 것을 어찌나 두려워하는지 내가 하는 말과 반대되는 말을 자동적으로 하더군. 그런데 사실 그가 하는 반대말은 무척 체계적이어서 단순히 그 반대를 말하는 것만으로 내가 원하는 방향으로 쉽게 끌어들일 수 있지!"

홈즈가 왓슨에게 설명한다.

반대말이 나온 김에 아래 단어의 반대말을 찾을 수 있는가? 이 반대말들의 첫 글자들을 모으면 한 단어가 된다.

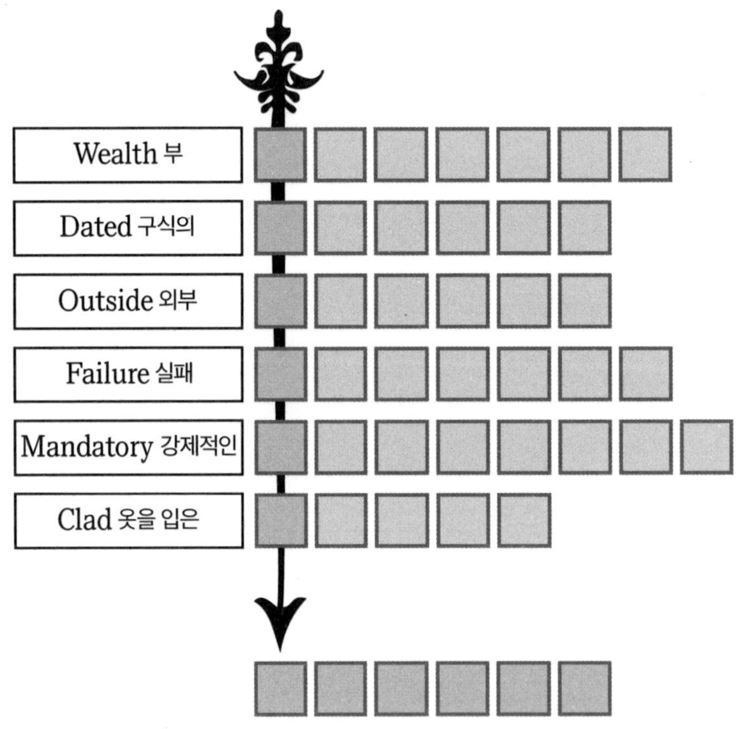

방금 밝혀낸 단어의 구어체를
지도에서 찾아가시오.

16

액션!

"홈즈는 거의 두뇌로만 일을 한다지요." 스코틀랜드 야드의 레스트레이드 경감은 은근히 평가절하하는 말을 했다. 하지만 결정적으로 우리의 명탐정은 마자랭의 보석 사건을 처리했을 때처럼 재빠르고 단호한 행동이 언제든지 가능하다.

사진작가인 무이브리지는 최근 홈즈의 재빠른 행동을 사진으로 남겨 홈즈에게 기쁨을 선사했다. 아래는 멀리뛰기하는 사람의 연속 스냅사진이다. 올바른 순서로 나열하여 사진 아래의 글자들이 만든 단어를 맞혀보시오.

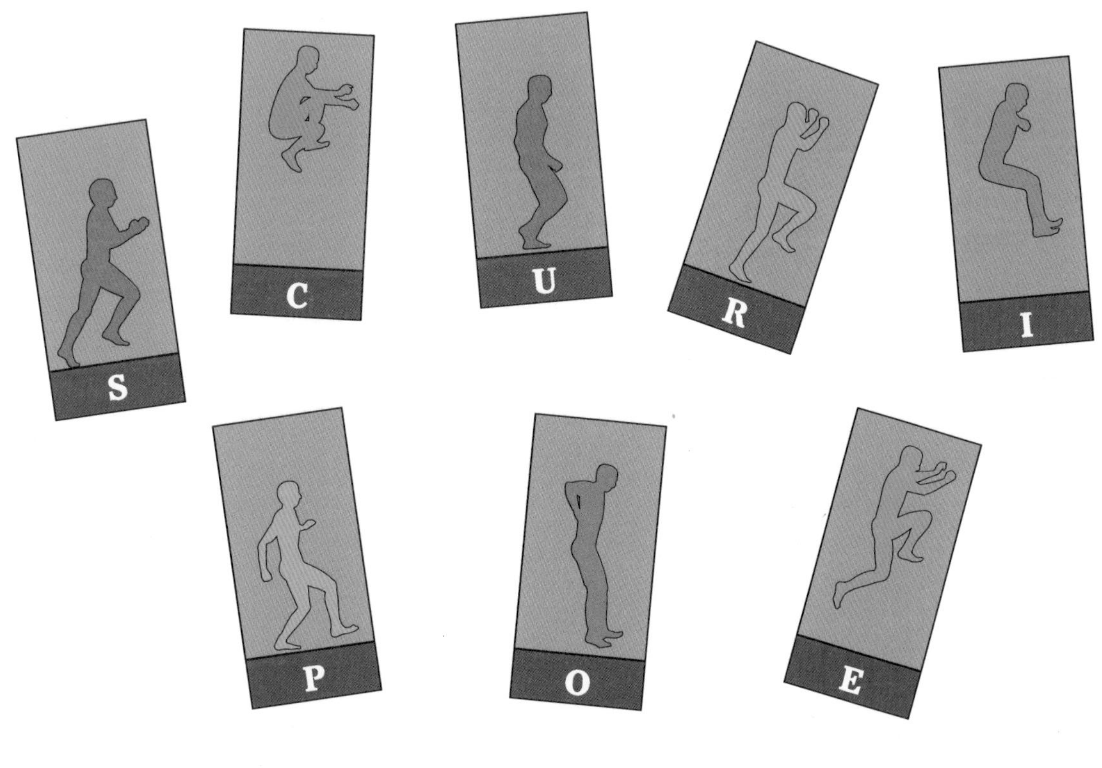

여러분이 만든 단어는 지도에서 다음 목적지 한가운데에 있는 물체를 잘 묘사한다.

17

세 명의 신사

수상, 내무부 장관, 캔틀미어 경은 자신들의 신분을 감춘 채 홈즈의 거주지에 은밀하게 도착했고, 홈즈가 방으로 들어오기 전에 이 집 주인의 장점에 대해 서로 이야기한다. 그러나 각자 의견이 다르다. 이들은 각각 누구이며 셜록 홈즈에 대해 어떤 의견을 말하는가?

"당신은 셜록 홈즈가 성공할 거라고 생각하는군요, 그렇지요?" 이 신사가 말한다.

"내무부 장관은 홈즈가 그 일을 감당할 수 있을지 없을지 확신하지 못합니다." 이 신사가 말한다.

"반면 수상에 따르면 당신은 그가 실패할 것이라고 확신하고 있다더군요." 이 신사가 말한다.

신사들은 대개 이것을 하나씩 지니고 있는데 사기꾼들도 마찬가지다. 실비어스 백작의 것이 지도에서 다음 목적지에 있다.

18
거리의 갱단

실비어스 백작과 같은 고상한 도둑들은 그만큼 고상하지 못한 거리의 갱단에 의존하여 추악한 일을 저지른다. 홈즈는 이러한 악당 모임을 조사하여 아래 도표를 작성했다.

각각의 큰 원은 2~10명의 조직원을 거느린 갱단을 나타낸다(조직원 수가 같은 경우는 없다). 화살표는 두 갱단이 연합할 때의 조직원 수를 나타낸다(예를 들어 이스트 사이더스가 채플 갱과 연합하면 열 명이 된다). 각 갱단에는 몇 명의 조직원이 있는가?

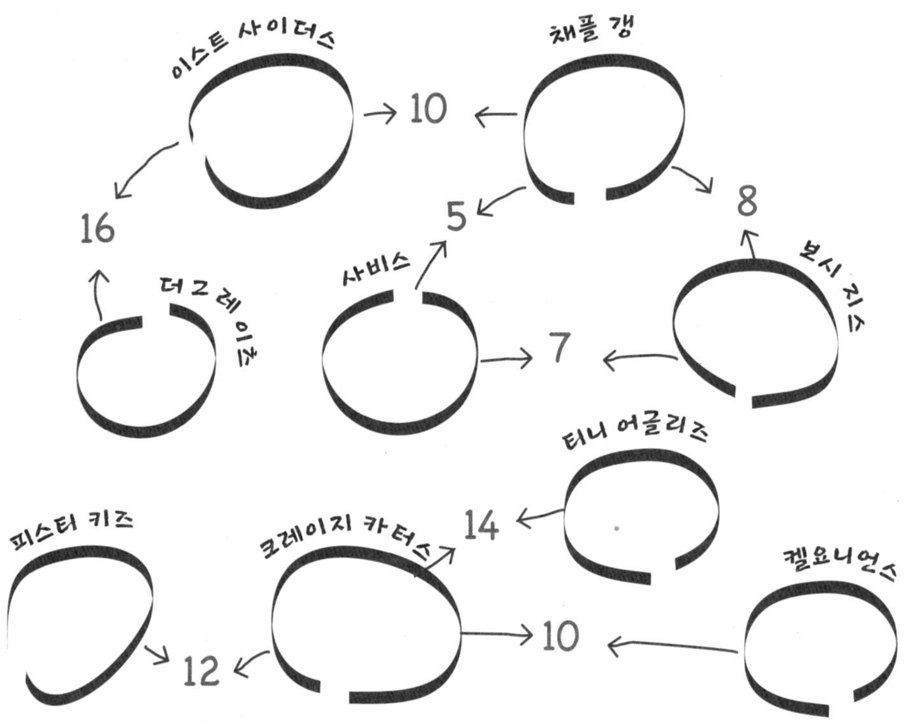

더 그레이츠와 티니 어글리즈가 연합하면
몇 명의 조직원이 되는가?
그 수가 지도의 다음 목적지다.

19

행동 강령

셜록 홈즈는 왓슨이 심부름을 떠나기 직전에 왓슨에게 두 개의 메시지를 급히 휘갈겨 써준다. 그 메시지에는 두 개의 주소가 있는데, 각 주소 밑에는 메시지가 하나씩 있다. 둘 다 매우 중요하며 절대 다른 사람에게 전달되어서는 안 된다. 그러므로 보안에 만전을 기하기 위해 홈즈는 왓슨과 공유하는 시스템으로 메시지를 암호화했다.

첫 번째 메시지를 해독하면 'ADDRESS OF MURDERERS(살인범의 주소)'가 된다. 두 번째 주소 밑의 메시지는 무엇일까?

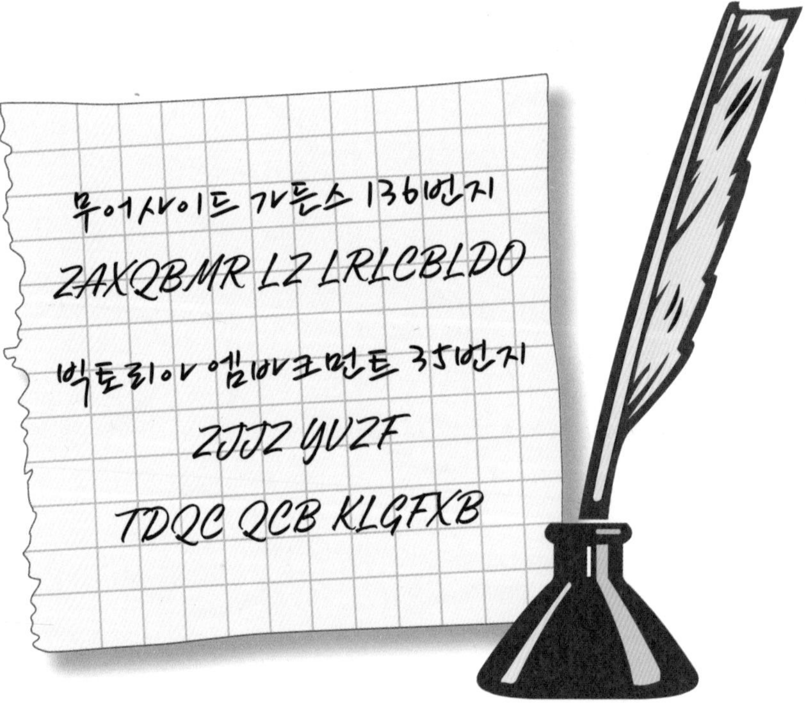

지도에서
QZOHP JC VAYOZPN으로 이동하시오.
두 번째 암호로 작성된 것임.

20
실비어스 백작의 콧수염

실비어스 백작의 인상이 강해 보이는 것은 위압적이고 짙은 콧수염 때문이다. 수염이 가장 먼저 눈에 들어오고, 그다음으로 잔인해 보이는 얇은 입술과 독수리의 부리처럼 구부러진 긴 코가 보인다. 홈즈는 지금껏 상대해온 많은 악당들이 두드러진 수염을 가지고 있다는 사실에 주목하고 있다.

아래의 각 알파벳 묶음 안에 있는 글자를 재배열하면 수염 종류를 뜻하는 단어를 만들 수 있다. 단 한 묶음은 예외이다. 어느 묶음일까?

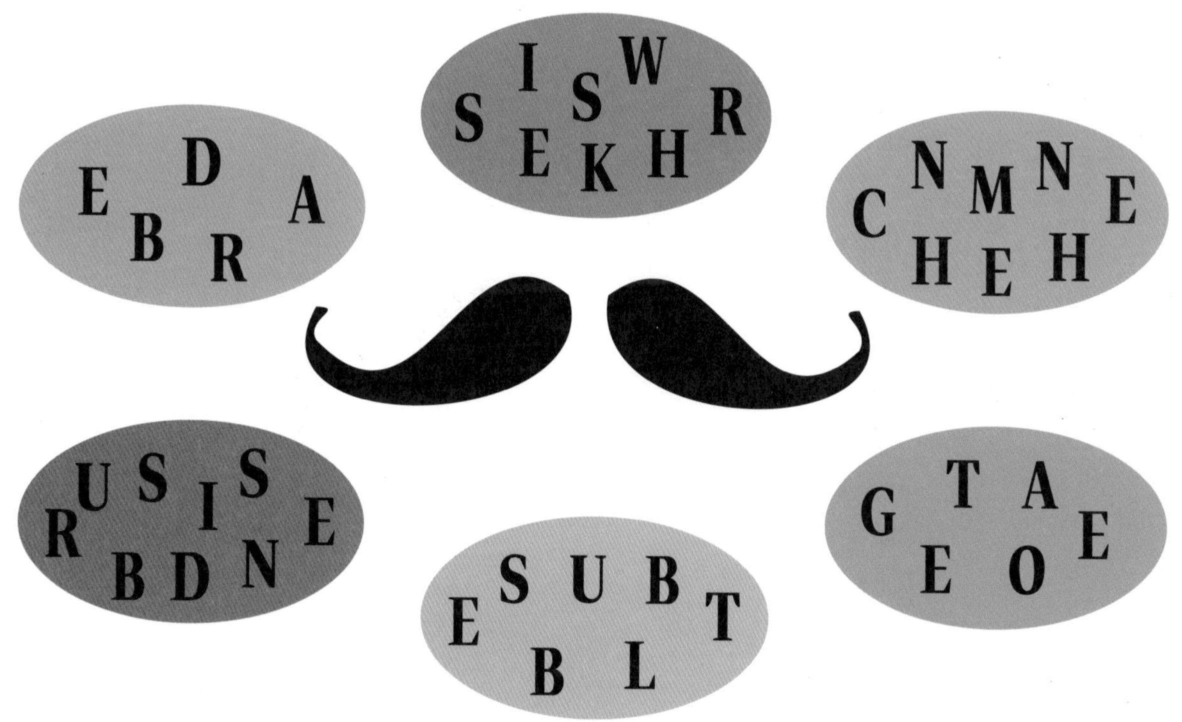

예외인 한 단어가
지도의 다음 목적지다.

21

살해당함

"자신이 살해당하는 것을 목격한다는 건 흥미롭지, 가장 흥미로운 일 아닐까?" 홈즈가 말한다. "결코 잊을 수 없을 거야." 이런 일을 겪는 사람은 거의 없을 테지만, 홈즈는 실비어스 백작이 자신의 머리를 가격하려고 자세를 취하는 것을 똑똑히 보았다. 다행히 예정된 희생자는 홈즈와 똑같이 만든 인형이었다. 그 장면이 무척 강하게 남아서 홈즈는 실비어스 백작의 독특한 일격 자세를 여타의 자세들과 구별할 수 있다.

다음 중 똑같은 한 쌍을 이루지 않는 자세는 몇 번인가?

정답인 숫자에 2를 곱한 수가
지도의 다음 목적지다.

22
잠시 동안의 연주

셜록 홈즈는 실비어스 백작과 샘 머튼에게 결단을 내릴 시간을 주고 침실로 들어가 바이올린을 켠다. 오펜바흐의 뱃노래라는 애틋한 곡조를 연주하기로 했지만, 그의 레퍼토리는 풍부하기 때문에 아래에 있는 작곡가 중 어느 누구의 곡이라도 연주할 수 있었다.

아래 그리드에 각 작곡가의 이름을 배치한 후 회색 사각형의 글자들을 재배열하여, 움직이는 사물을 가리키는 단어를 만들어보자.

- Berlioz 베를리오즈
- Bizet 비제
- Brahms 브람스
- Corelli 코렐리
- Elgar 엘가
- Glinka 글린카
- Liszt 리스트
- Mozart 모차르트
- Paganini 파가니니
- Schubert 슈베르트
- Vivaldi 비발디
- Ysaye 이자이

당신이 만든 단어가 지도에서 다음으로 가야 할 곳을 알려줄 것이다.

23

네 개의 귀중한 다이아몬드

"실비어스 백작은 이 네 개의 귀중한 다이아몬드 중 어떤 것이라도 훔칠 수 있었어. 하지만 누가 감정사 아니랄까봐 그중 가장 값비싼 마자랭의 보석을 가져갔는지." 홈즈는 네 개의 '노란' 다이아몬드 복제품을 바라보며 말한다.

"이 중 어느 것이지?" 왓슨이 묻는다. "모두 비슷해 보이는데…."

홈즈는 늘 그렇듯 직접적인 대답 대신 이렇게 말한다.

"이스트 스타가 다이아몬드 1이 아니라면, 다이아몬드 2가 틀림없다."

"다이아몬드 2가 이스트 스타가 아니라면, 다이아몬드 4는 칼로프가 아니다."

"다이아몬드 3이 이스트 스타가 아니라면, 2는 옐로 엠프레스이다."

"마자랭의 보석은 물론 네 개 중 하나이다."

각각의 다이아몬드에 이름을 붙일 수 있는가?

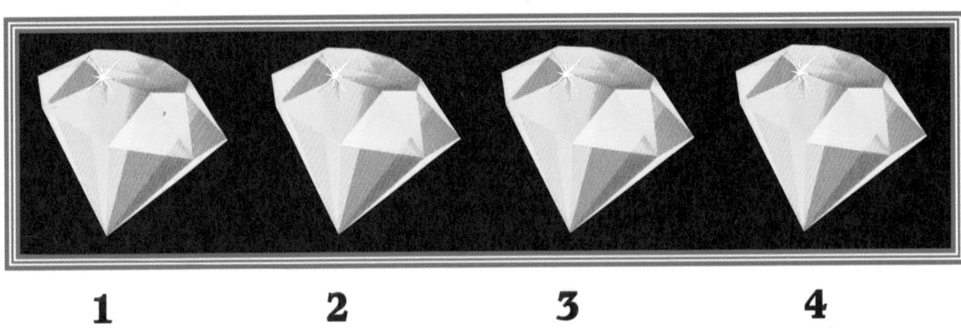

1 2 3 4

지도에 있는 한 노부인이 지도에서 다음으로 가야 할 곳이다.

24

오만한 방문자

캔틀미어 경은 탐정 홈즈의 명백한 실패라고 가정하고 불만을 토로하기 위해 홈즈를 보러 온다. 경찰들도 그 귀중한 마자랭의 보석을 되찾을 수 없었는데 사립 탐정 홈즈에게 뾰족한 수가 있을 리 없다고 생각한다. 하지만 캔틀미어 경은 성급하다. 탁자 위에 글자가 새겨진 작은 정육면체들을 잘 본다면 생각을 바꿀 것이다.

일곱 개의 정육면체는 동일하다. 각 정육면체 밑면의 글자가 위로 오게 돌리면 어떤 단어가 완성될까?

그리고 이 단어와 함께 우리의 모험이 마무리된다! 이제 셜록 챌린지에서 첫 번째 숨겨진 단어를 찾을 수 있을 것이다.

CHAPTER 2
등나무 저택

알프레드 히치콕의 명언 "악당이 성공할수록 영화도 성공한다"는 '등나무 저택'에 딱 들어맞는다. 산 페드로의 호랑이라 불리는 돈 무릴로는 움푹 파인 어두운 눈과 검고 짙은 눈썹에 양피지 같은 얼굴을 가진 거친 악당이다. 이 권력 잃은 폭군은 주변인들에게 자신의 의지를 무자비하게 관철시키면서 놀랍도록 섬뜩한 이야기를 만들어낸다. 이 악당은 나름 능력이 뛰어난데 그건 경찰도 마찬가지다. 셜록 홈즈는 무능하고 의심스러운 경찰관과도 많이 일해보았지만 베인즈 경위에게서는 출중한 재능을 발견한다. 이 경위는 상황 대처 능력이 빠르며 직관력이 뛰어나 셜록 홈즈에게 거듭 칭찬을 받는다.

매우 나쁜 악한과 영리한 경찰의 만남으로 이야기가 전개되고 셜록 홈즈가 지혜를 모아 그 안에서 이어지는 미스터리를 풀어나간다. 여러분도 정신을 바짝 차리고 이어지는 퍼즐을 풀어야 할 것이다.

서문에서 설명한 대로 38~39페이지 지도를 여행의 길잡이로 활용하라. 사건을 최종적으로 해결할 때까지 이야기 속의 낯선 장소를 다니고 기묘한 사건을 푸는 데 반드시 필요할 것이다.

40페이지의 첫 번째 퍼즐부터 풀어라. 다 풀면 아래쪽 상자에 있는 단서를 보고 지도의 다음 목적지를 알아낸다. 그곳에는 다음으로 풀어야 할 퍼즐의 번호가 적혀 있다. 이런 식으로 퍼즐과 지도를 계속 왔다 갔다 반복하면서 모험의 마지막 퍼즐까지 가보자.

등나무 저택

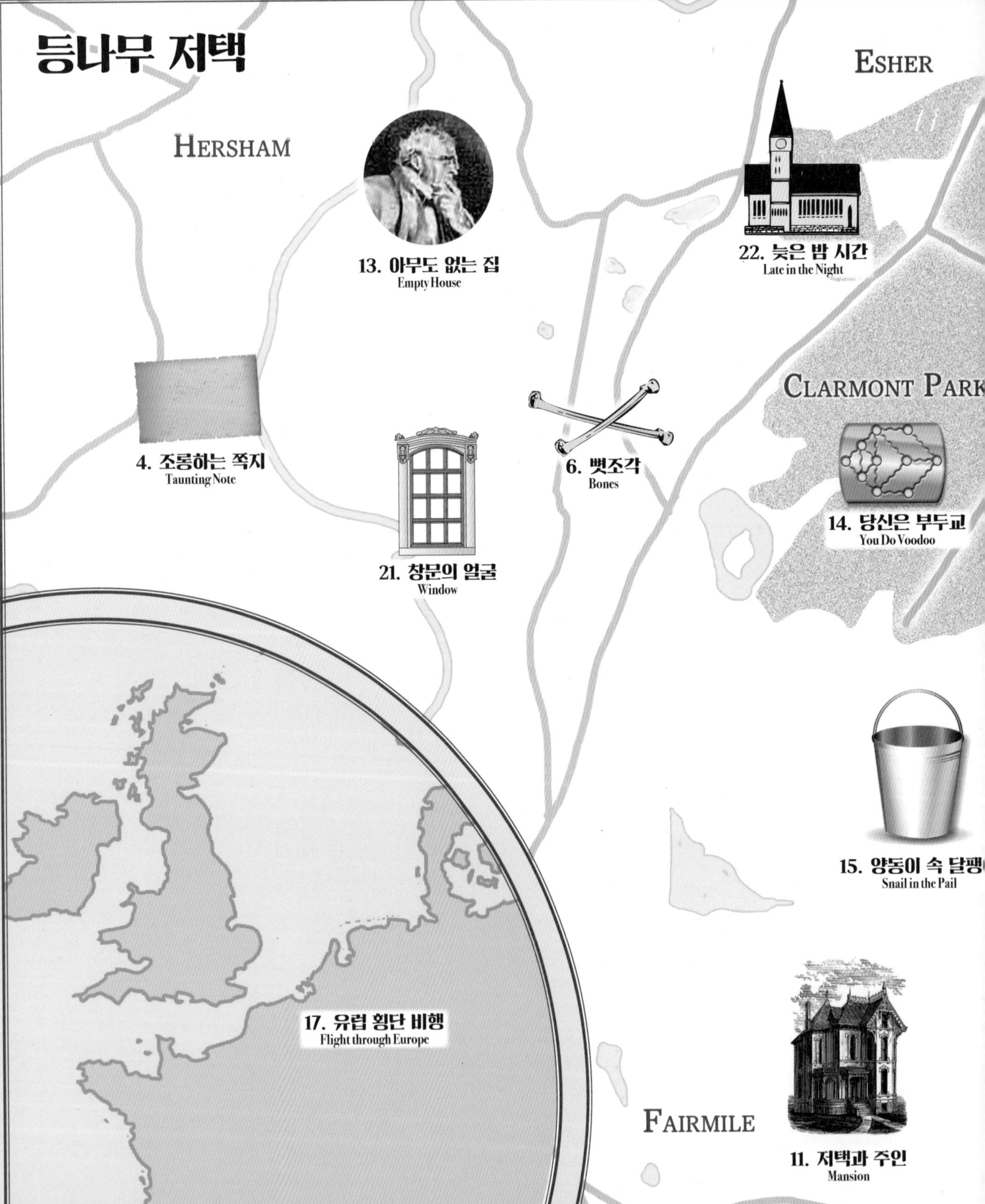

ESHER
HERSHAM
13. 아무도 없는 집
Empty House
22. 늦은 밤 시간
Late in the Night
CLARMONT PARK
4. 조롱하는 쪽지
Taunting Note
6. 뼛조각
Bones
14. 당신은 부두교
You Do Voodoo
21. 창문의 얼굴
Window
15. 양동이 속 달팽
Snail in the Pail
17. 유럽 횡단 비행
Flight through Europe
FAIRMILE
11. 저택과 주인
Mansion

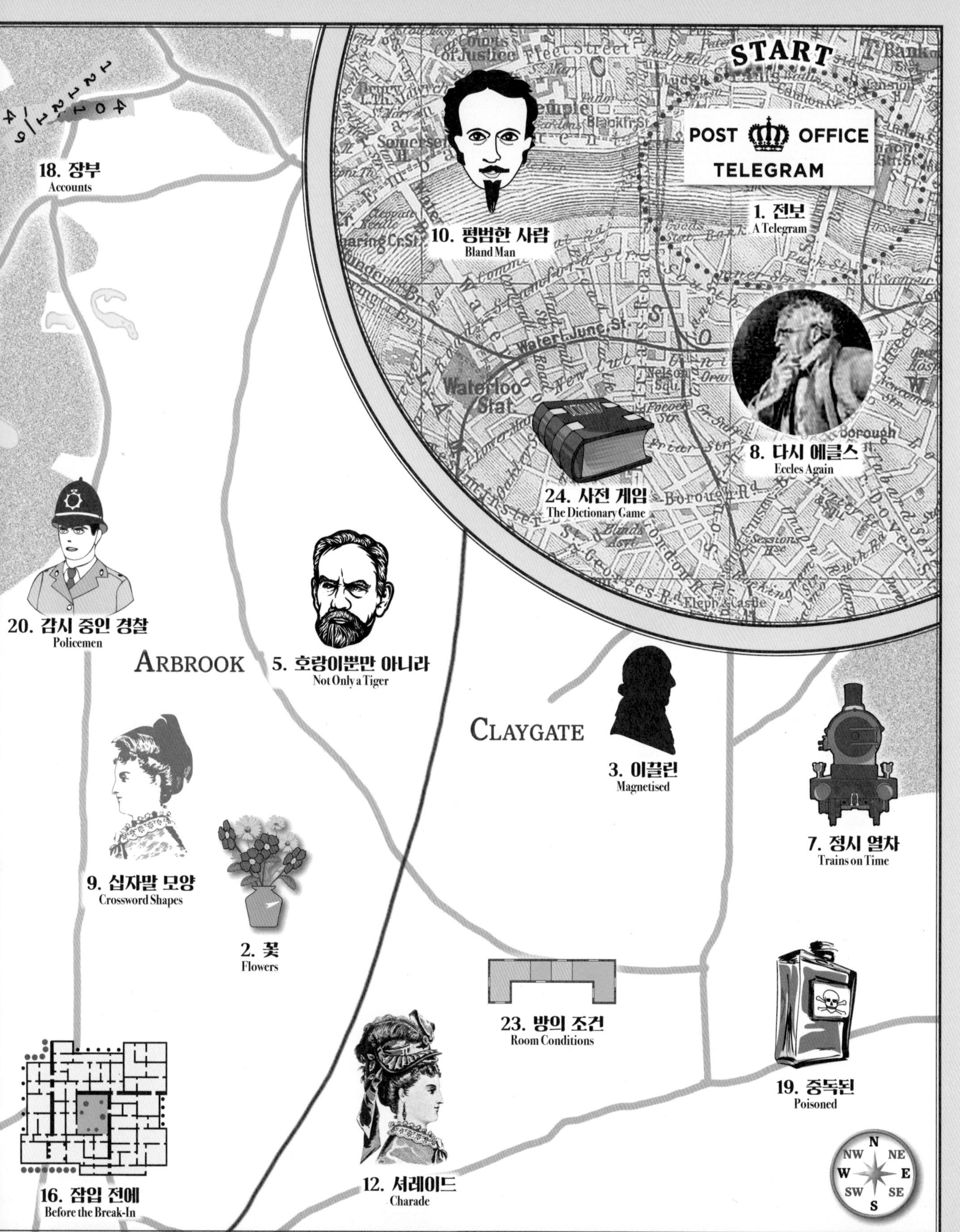

START
POST OFFICE
TELEGRAM
1. 전보
A Telegram
10. 평범한 사람
Bland Man
8. 다시 에클스
Eccles Again
24. 사전 게임
The Dictionary Game
18. 장부
Accounts
20. 감시 중인 경찰
Policemen
ARBROOK
5. 호랑이뿐만 아니라
Not Only a Tiger
CLAYGATE
3. 이끌린
Magnetised
7. 정시 열차
Trains on Time
9. 십자말 모양
Crossword Shapes
2. 꽃
Flowers
23. 방의 조건
Room Conditions
19. 중독된
Poisoned
16. 잠입 전에
Before the Break-In
12. 셔레이드
Charade
N
NE
E
SE
S
SW
W
NW

1

전보

홈즈에게 새로운 모험의 시작을 알리는 전보가 도착한다. 다행히도 그 전보의 글자들은 아래의 전보보다 알아보기 쉽다. 아래 전보는 첫 번째 단어 이후로 순서가 뒤죽박죽이다. 왓슨은 쉽게 순서를 바로잡을 수 있다. 왜냐하면 그 메시지는 의뢰인들이 홈즈를 찾아와 괴롭고 두려운 마음으로 횡설수설 사연을 말할 때 홈즈가 자주 해주는 말이기 때문이다.

전보의 단어들을 올바른 순서로 나열할 수 있는가?

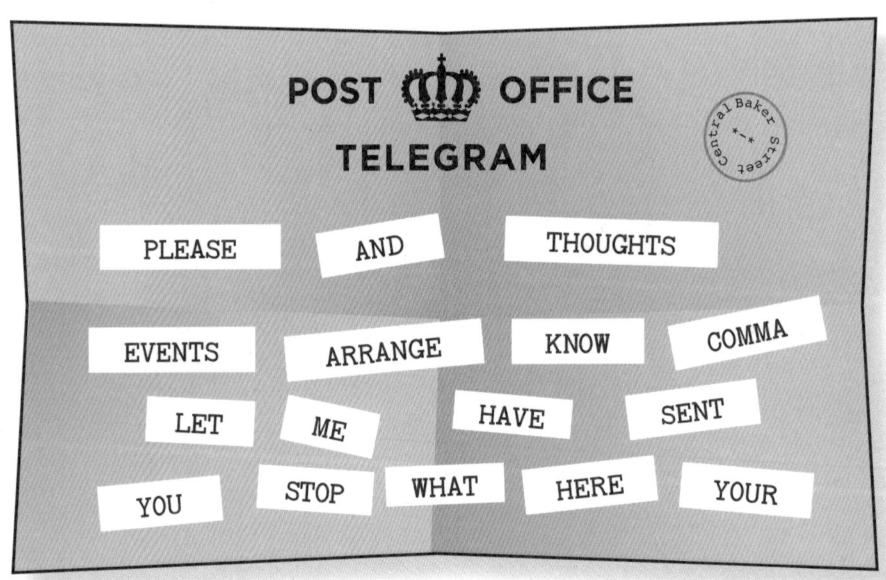

전보의 단어들을 올바른 순서로 배열했으면, 여섯 번째 단어 앞에 BL을 붙인다. 이 새로운 단어가 지도에서 다음으로 가야 할 곳을 알려준다.

꽃

버넷 선생님은 비밀리에 보낼 메시지가 있으면 꽃다발에 숨겨서 보낸다. 하지만 더욱더 철저한 보안을 위해 꽃다발을 요일별로 다르게 미리 구상해놓는다.

- 월요일과 수요일에는 꽃다발에 같은 종류의 꽃이 네 송이가 있어야 한다.
- 화요일과 월요일에는 꽃다발에 파란색 꽃이 적어도 한 송이가 있어야 한다.
- 수요일에는 꽃다발에 세 가지 또는 네 가지 종류의 다른 꽃이 있어야 한다.
- 목요일과 화요일에는 꽃다발에 노란색 꽃이 세 송이 이상 있어야 한다.
- 금요일에는 꽃다발에 흰색 꽃이 적어도 두 송이가 있어야 한다.

각각의 꽃다발에 메시지를 숨기는 요일을 정하시오.

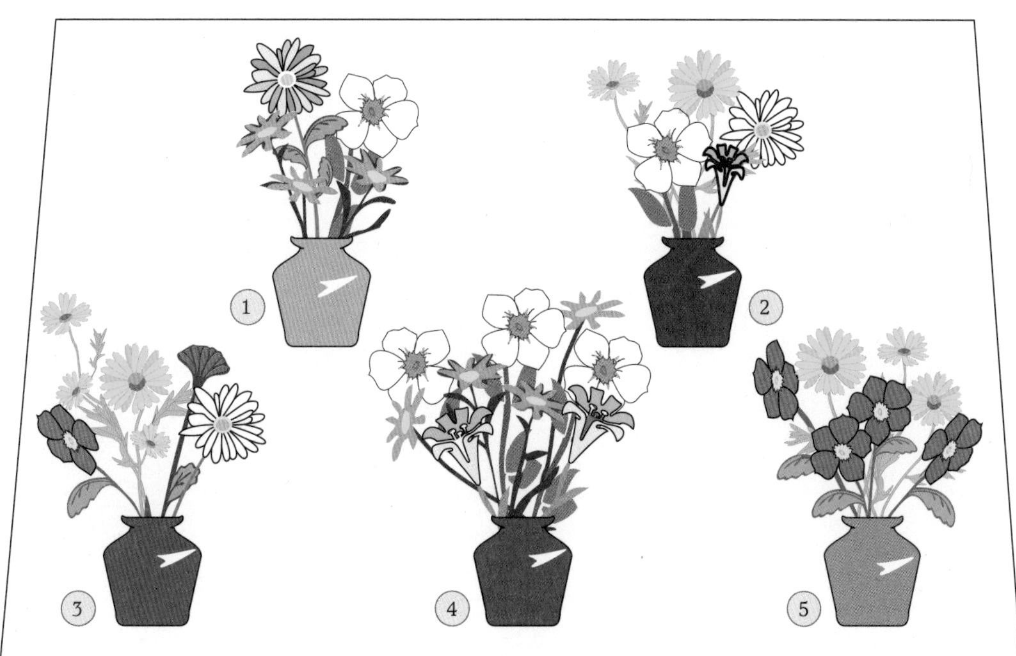

**다음 목적지로 이동하려면
지도에서 남서쪽으로 간다.**

3
이끌린

셜록 홈즈는 왓슨에게 하이게이블 저택에 사는 사람들에 대해 간략히 설명한다. "주인 헨더슨 씨와 그의 성격에 이끌린 사람들이 있다네. 비서인 루카스 씨, 엘리자와 글래디스라는 두 딸들, 그리고 딸들의 가정교사인 버넷 선생님이지."

"그들은 몇 살인가?" 왓슨은 자신이 무엇을 하게 될지 깨닫지 못한 채 묻는다. 아래는 홈즈의 대답이다. 왓슨이 이들의 나이를 알아내는 것을 도와줄 수 있는가?

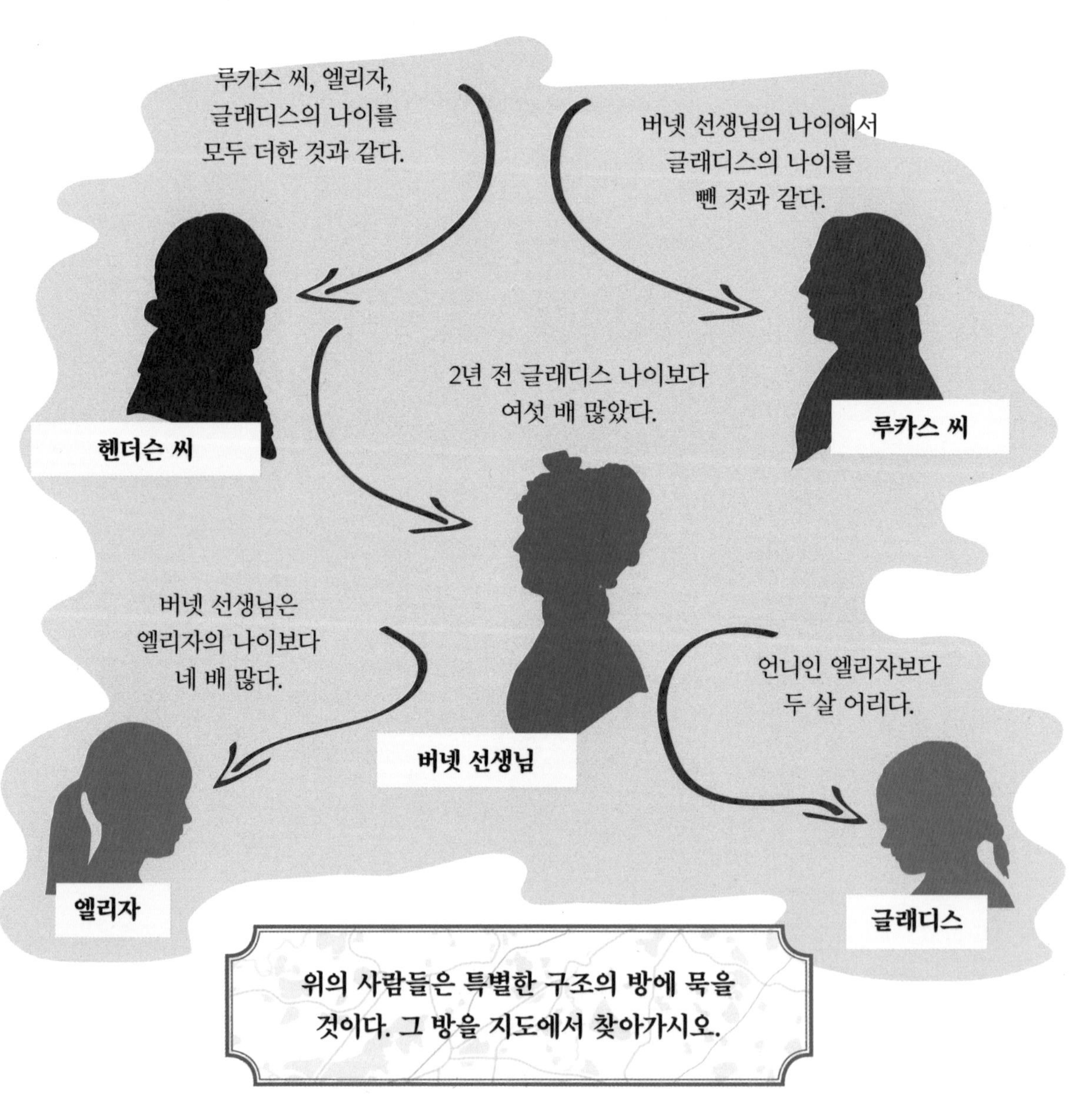

위의 사람들은 특별한 구조의 방에 묵을 것이다. 그 방을 지도에서 찾아가시오.

4

조롱하는 쪽지

베인즈 경위가 등나무 저택의 벽난로에서 발견했던 수상한 쪽지를 홈즈에게 보여주자, 왓슨은 자신의 친구 홈즈가 그 숨겨진 의미를 분명히 알아낼 것이라고 확신한다. 아무리 애매모호한 내용이라도 홈즈가 잘 풀어냈던 경우가 여러 번 있었기 때문이다.

예를 들어 악명 높은 은행 강도가 해외로 도망치기 직전 홈즈에게 조롱하는 쪽지를 보낸 적이 있었다. 더 정확한 시점은 강도가 개인 요트에 올라타려고 할 때 홈즈가 그를 체포하려는 순간이었다.

아래 쪽지에서 자신의 이름을 즉시 찾아낸 우리의 명탐정처럼 재빨리 머리를 굴려보자. 메시지의 내용은 무엇일까?

YB HTT EMIY EUO
EDICHPRE HTSI OHMLSE
WILIB LF ERA WAYA
NEOJIYGN YM LI-
LOGTTNE OFTRNUSE

같은 암호로 작성된 AMSNOIN을 지도에서 찾아가시오.

5

호랑이뿐만 아니라

"왓슨, 돈 무리요가 산 페드로의 호랑이로만 알려진 것이 아니라는 걸 알고 있었나? 친구이든 적이든 모두 그를 갖가지 동물에 비유하더군. 그런 험상궂은 인물이 사신만큼 위험하지 않은 생물에도 비유되다니, 이상한 일이야."

아래 제공된 단서를 보고 그리드를 채운 다음, 흰색 세로 칸에 들어갈 세 마리의 동물 이름을 맞혀 보시오.

W		I		P		R		Manner of speaking 말하는 방법
P		T		I		N		Pertaining to the Delphian priestess 델피아 사제와 관련됨
D		R		N		E		Throw into confusion 혼란에 빠뜨림
A		G		I		Y		Without equanimity 평정심 없이
T		C		L		R		Challenger on the field 경기장에서의 도전자

몇 개의 모음이 누락되었지만
다음 목적지 이름이 무엇인지 알 수 있을 것이다.
P - L - C - M - N

6

뼛조각

"저, 저, 저," 베인스 경위가 또 다른 기묘한 물건을 발견하고 말을 더듬는다. "뼈, 뼈, 뼈." 모든 말은 세 번 반복하는 거란 듯이 말을 이어간다. 그는 방금 차곡차곡 쌓인 뼈 무더기 위로 떨어졌다. "왜 이 하나에는 꼬리표가 붙어 있습니까?" 그가 셜록 홈즈에게 묻는다.

"모르겠소이다." 홈즈가 솔직하게 대답한다. "그런데 왓슨, 꼬리표가 붙어 있는 뼈를 집으려면 다른 뼈를 몇 개나 치워야 하는 건가?"

여러분은 몇 개라고 생각하는가? 물론 나머지 뼈의 위치가 바뀌지 않게 깔끔하게 집어야 한다.

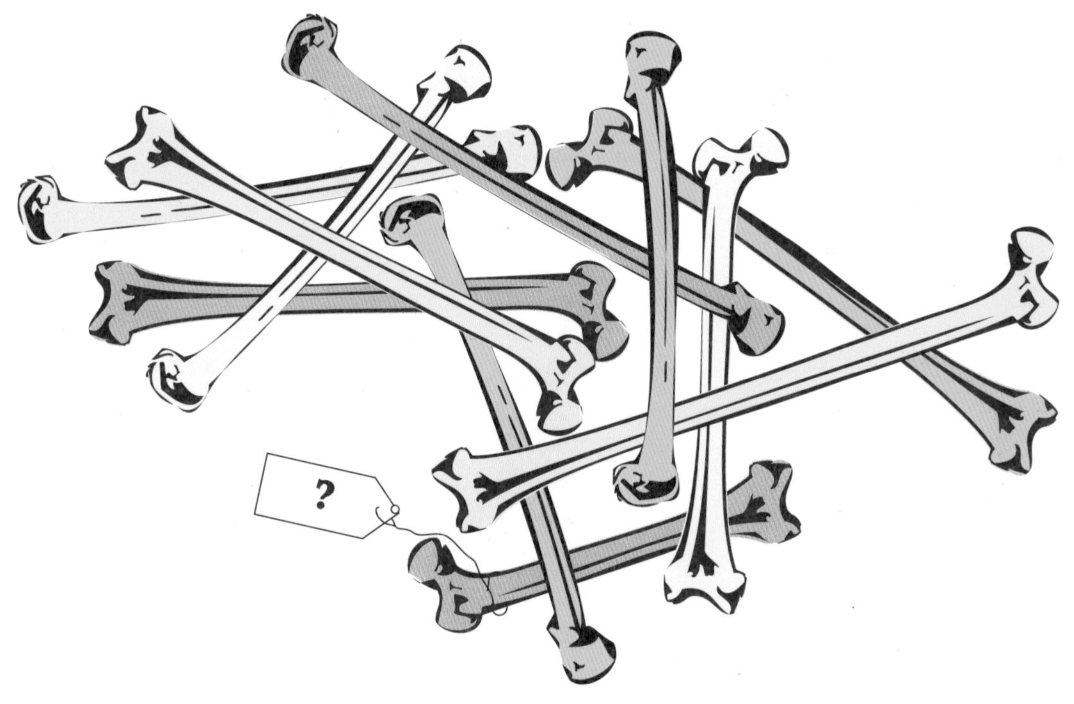

4

치운 뼈의 3배수에 해당하는 수가
지도의 다음 목적지다.

7

정시 열차

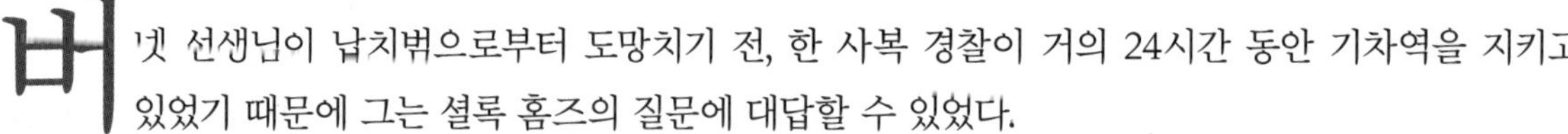

버넷 선생님이 납치범으로부터 도망치기 전, 한 사복 경찰이 거의 24시간 동안 기차역을 지키고 있었기 때문에 그는 셜록 홈즈의 질문에 대답할 수 있었다.

"제가 이곳에 온 이후로 런던행 기차가 여섯 대 정차했어요. 기차들은 일정한 간격을 두고 규칙적으로 출발했고요. 그리고 아래 시간은 제 시계로 확인한 기차 출발 시간이에요. 버넷 선생님은 마지막으로 출발한 기차에서 가까스로 탈출했어요. 다행히 낮이어서 어디로 가는지 보였을 거예요."

아래 시계에 따르면 버넷 선생님이 탄 기차는 몇 시에 역을 출발했을까?

POSEIDON의 배열을 바꾼 아나그램이 지도에서 다음으로 가야 할 목적지다.

8

다시 에클스

왓슨 박사는 홈즈가 등나무 저택에서 일어난 기묘한 사건들의 뒤엉킨 실타래를 푸는 것을 잘 지켜봤지만, 여전히 이해할 수 없는 한 가지가 있다. 그가 홈즈에게 묻는다. "대체 스콧 에클스 씨의 역할이 뭐지? 이 말끔한 영국신사가 어떻게 이 사악한 사건에 연루되었을까?"

"아주 분명한 역할이 있어. 확실해." 홈즈가 장담한다. "물론 본인은 모르게. 가엾기도 하지. 그 사람은 너무 솔직해서 자신이 이용당하고 있다는 것도 모른다네. 그러나 어떤 일의 끝은 다음 일의 시작이기 마련이야…."

바로 그거다. 아래 그리드에서 왼쪽 다섯 글자 단어 중 누락된 마지막 글자가 오른쪽 다섯 글자 단어의 첫 번째 글자이기도 하다. 이 누락된 글자들을 해독하라, 그러면 에클스가 맡은 역할이 드러날 것이다.

B	R	I	E		E	M	U	R
P	A	N	D		P	A	R	T
E	A	S	E		E	G	A	L
A	L	I	A		E	N	S	E
S	E	R	I		V	E	R	Y
T	I	B	I		F	T	E	R
T	I	D	A		A	I	T	Y
C	O	A	T		S	S	U	E
B	L	U	R		E	E	C	H
C	H	I	L		O	D	I	N

그리드에는 지도의 다음 목적지를 나타내는 또 다른 단서가 있다.

(힌트: 영국식 철자이다.)

9

십자말 모양

버넷 선생님은 헨더슨 씨의 어린 딸들과 단어 게임을 하는 동안 마음속에 한 가지만을 생각하고 있다. 아래 십자말풀이는 글자가 들어갈 자리에 모양이 들어가 있다. 이 게임을 끝내면 선생님이 마음속으로 생각하는 것의 철자가 나온다.

퍼즐에 들어갈 단어들을 찾아서 버넷 선생님이 생각하는 단어를 맞혀보자. 셜록이 곧 그녀 행동의 동기를 파악할 것이다.

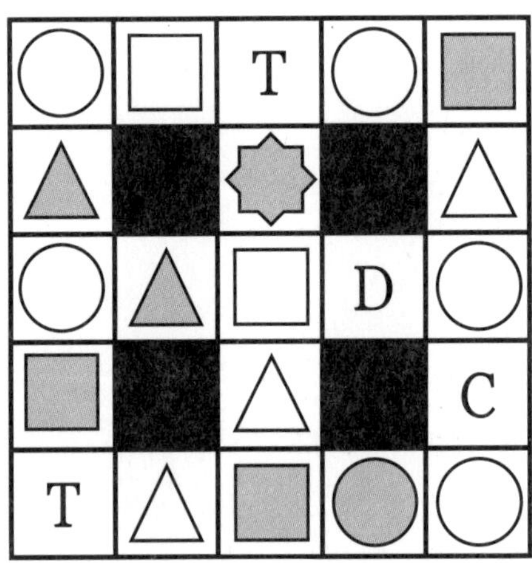

가운데에 세로로 놓인 단어가
지도의 다음 목적지다.

10
평범한 사람

셜록 홈즈는 궁금해진다. 활동적이고 재간 많은 마을 유명인사인 앨로이시어스 가르시아가 스콧 에클스처럼 평범하고 대수롭지 않은 인물을 골라 주말에 초대한 이유는 무엇일까? 우리의 명탐정은 가르시아가 노리는 것이 바로 이 평범함이라는 것을 이내 알아차린다.

"비슷하게 생긴 사람이 많다"는 에클스의 외모를 묘사하는 말이다. 실제로 두드러진 특색이 없어서 아래 경찰의 얼굴 합성물을 봐야 구분할 수 있다. 그의 얼굴의 각 부분은 한 개 이상의 다른 초상화에 담겨 있다. 에클스는 누구인가?

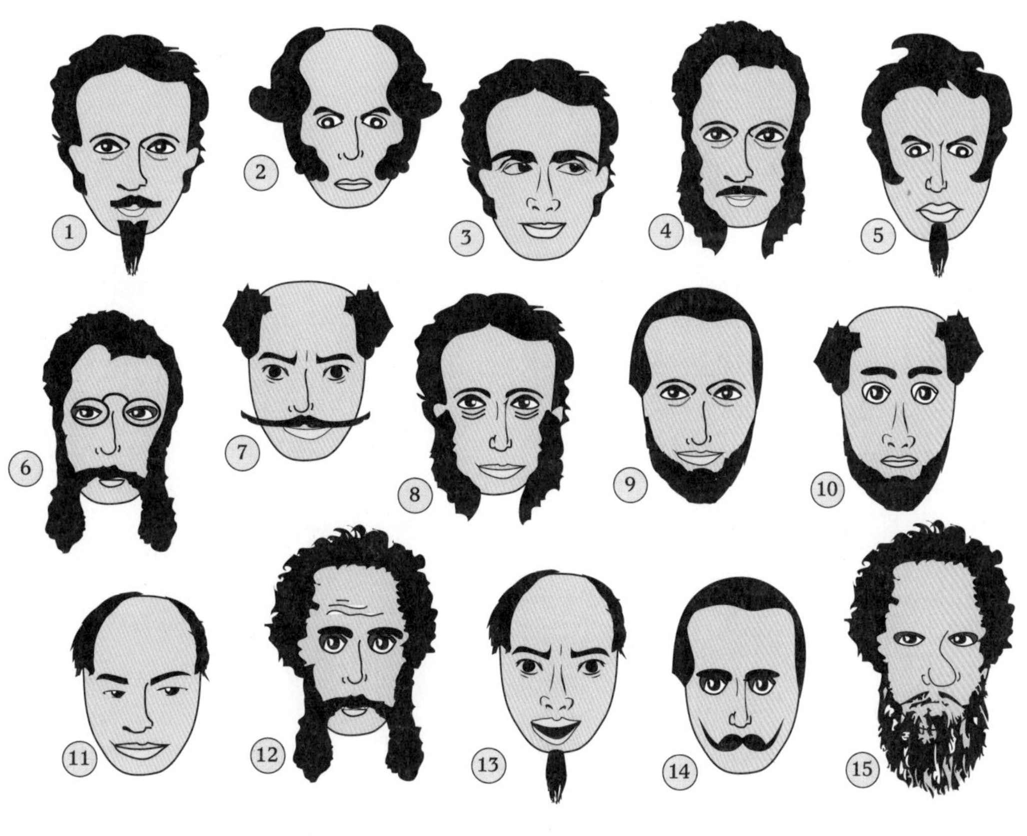

정답 숫자의 두 배에 4를 더하라.
이 수가 지도의 다음 목적지다.

저택과 주인

벽난로의 회롯대 근처에서 발견된 종이쪽지에는 제법 상세한 내용이 적혀 있다. 셜록 홈즈는 등나무 저택에서 멀지 않은 곳에 위치한 아주 넓은 집에서 이루어진 약속에 관한 사건이라는 결론을 내린다. 홈즈는 그 동네 집들의 목록을 보며 집의 이름과 주인 이름의 연관성을 발견하고 놀랐다.

홈즈가 말한다. "왓슨, 우리가 찾고 있는 집이 꼭 그렇다는 건 아니지만, 집주인의 이름과 집의 이름에 공통점이 있지 않은가? 한 쌍을 제외하고 말이야."

그 한 쌍은 어느 집일까?

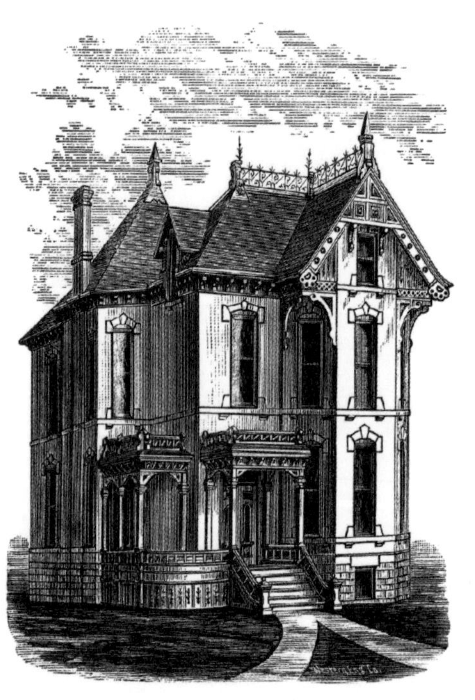

Lord Harringby 해링비 경
- Nether Wessling 네더 웨슬링

Douglass Fairford 더글라스 페어포드
- Oxshott Towers 옥스샷 타워

Sir Clive Hammersmith 클라이브 해머스미스 경
- Old Fatham Hall 올드 페텀 홀

Reverend Joshua Steel 조슈아 스틸 목사
- Huffington Manor 허핑턴 매너

Mr. James Baker-Williams 제임스 베이커-윌리엄스 씨
- Ammonite Mansion 암모나이트 저택

Robby McNethers 로비 맥네더스
- Accadian Steps 아카디언 스텝

빛이 들어오고 밖을 내다보는 데 꼭 필요한 집의 한 부분이 지도의 다음 목적지다.

12

셔레이드

버넷 선생님은 여러 가지 재미있는 게임으로 학생들을 사로잡는다. 그녀의 어린 숙녀들은 특히 글자 셔레이드 게임을 좋아한다.

내 첫 번째 글자는
PERJURED 위증한, **CONJUROR** 마술사,
그리고 ADJACENT 인접한**에 있어.**

내 두 번째 글자는
JAUNTING 유람, **LEAKAGE** 누출, **그리고**
HIJACK 납치**에 있어.**

내 세 번째 글자는
REACTION 반응, **FENCING** 펜싱, **그리고**
ACROBATS 곡예**에 있어.**

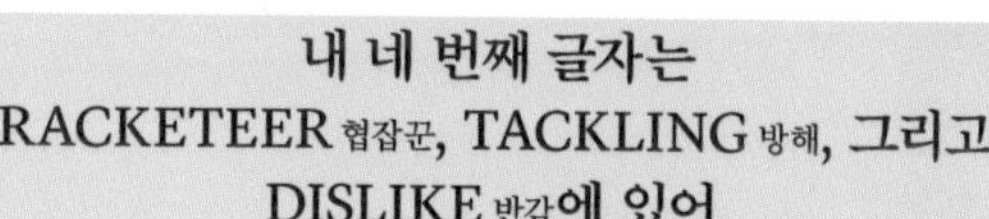

내 네 번째 글자는
RACKETEER 협잡꾼, **TACKLING** 방해, **그리고**
DISLIKE 반감**에 있어.**

내 다섯 번째 글자는
CARETAKER 관리인, **DAINTILY** 고상하게, **그리고**
BACKDOOR 뒷문**에 있어.**

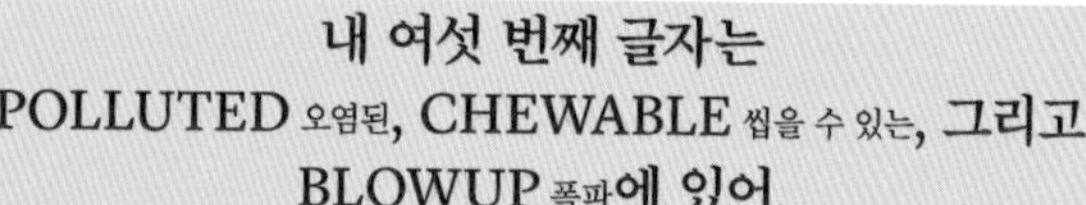

내 여섯 번째 글자는
POLLUTED 오염된, **CHEWABLE** 씹을 수 있는, **그리고**
BLOWUP 폭파**에 있어.**

그리고 전체 단어는 내가 떠올릴 수 있고 별로 좋아하지 않는 사람에게 붙일 수 있는 이름이야!

지도에서 다음 목적지 번호는
45721번과 93280번에 있다.

13

아무도 없는 집

스콧 에클스가 등나무 저택에서 깨어나 보니 당황스럽게도 그 집의 모든 사람들이 사라졌다. 이 꺼림칙한 일을 겪은 에클스는 반드시 진실일 것이라고 생각하는 세 가지 진술을 했다.

- 등나무 저택에 사는 사람들은 모두 아침 식사 전에 사라졌다.
- 모든 외국인들은 수상한 사람들이다.
- 아침 식사 전에 등나무 저택을 떠났던 모든 사람들은 외국인들이다.

그리고 이러한 전제가 옳다는 가정하에 에클스는 다음과 같은 결론을 도출했다.

1. 모든 외국인들은 아침 식사 전에 떠났다.

2. 모든 수상한 사람들은 외국인들이다.

3. 아침 식사 전에 사라진 모든 사람들은 등나무 저택에 산다.

4. 등나무 저택에 사는 모든 사람들은 수상한 사람들이다.

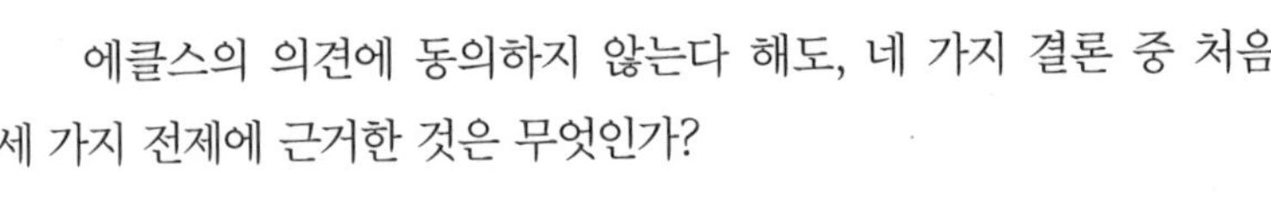

에클스의 의견에 동의하지 않는다 해도, 네 가지 결론 중 처음 세 가지 전제에 근거한 것은 무엇인가?

참인 진술의 번호를 모두 더하고 그 수를 지도에서 찾아가시오.

14

당신은 부두교

경찰이 등나무 저택에서 발견한 기괴하고 끔찍한 유골의 정체를 셜록 홈즈가 마침내 밝혀낸다. 나중에 왓슨에게 다시 설명한 것과 같이 앨로이시우스 가르시아의 하인과 공범 중 한 사람이 이상한 형태의 부두교 의식을 치른다.

현장에서 발견된 이 작은 현판이 그 사실을 확고히 한다. 한 글자와 다른 글자를 잇는 방식으로 'voodoo'라는 단어의 철자를 쓸 수 있는 방법은 몇 가지인가? 글자들이 서로 이어져야 하고, 한 글자를 두 번 지나지 않아야 한다.

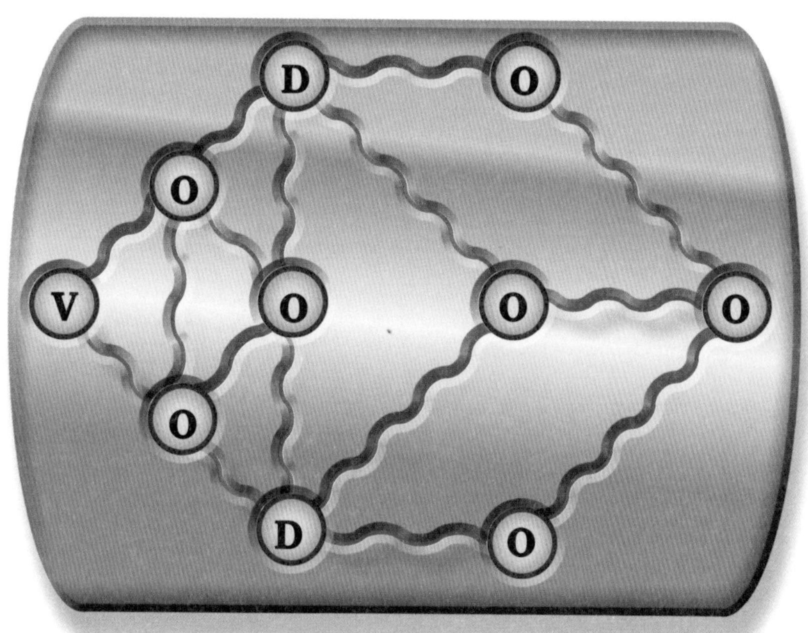

voodoo를 쓸 수 있는 '경로' 개수에 2를 곱하면
지도의 다음 목적지가 나온다.

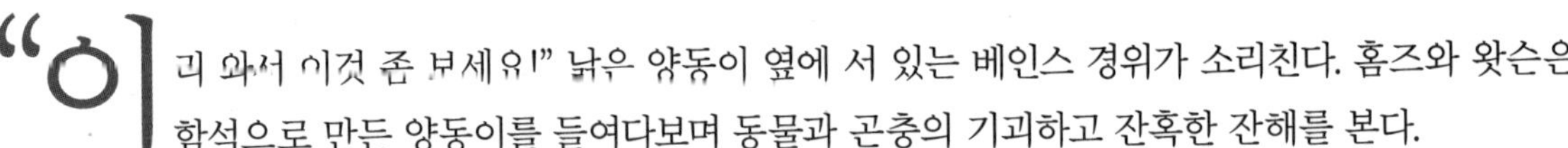

15
양동이 속 달팽이

"이리 와서 이것 좀 보세요!" 낡은 양동이 옆에 서 있는 베인스 경위가 소리친다. 홈즈와 왓슨은 함석으로 만든 양동이를 들여다보며 동물과 곤충의 기괴하고 잔혹한 잔해를 본다.

"식물은 하나밖에 없군." 홈즈가 전혀 동요하지 않고 말한다.

시각적 불쾌감을 줄여보고자 양동이 안에 있는 것의 이름을 전부 아나그램으로 대체했다. 홈즈가 본 식물의 이름은 무엇인가?

이 풀이와 같은 맥락에서 NESBO를 지도에서 찾아가시오.

16

잠입 전에

왓슨은 하이게이블 저택에 잠입하자는 홈즈의 제안에 딱히 끌리진 않지만 오랜 친구에 대한 신의를 봐서 함께하기로 한다. 이 집에는 작은 방들이 미로처럼 펼쳐져 있기 때문에 미리 경로를 계획해놓고 행동을 취해야 한다.

물론 다른 가족들이 자고 있을 수 있는 방에는 들어가지 말아야 한다. 그런 방은 아래 도면에 느낌표로 표시되어 있다. 홈즈와 왓슨은 화살표에서부터 X로 표시된 방까지 어떻게 가야 하는가?

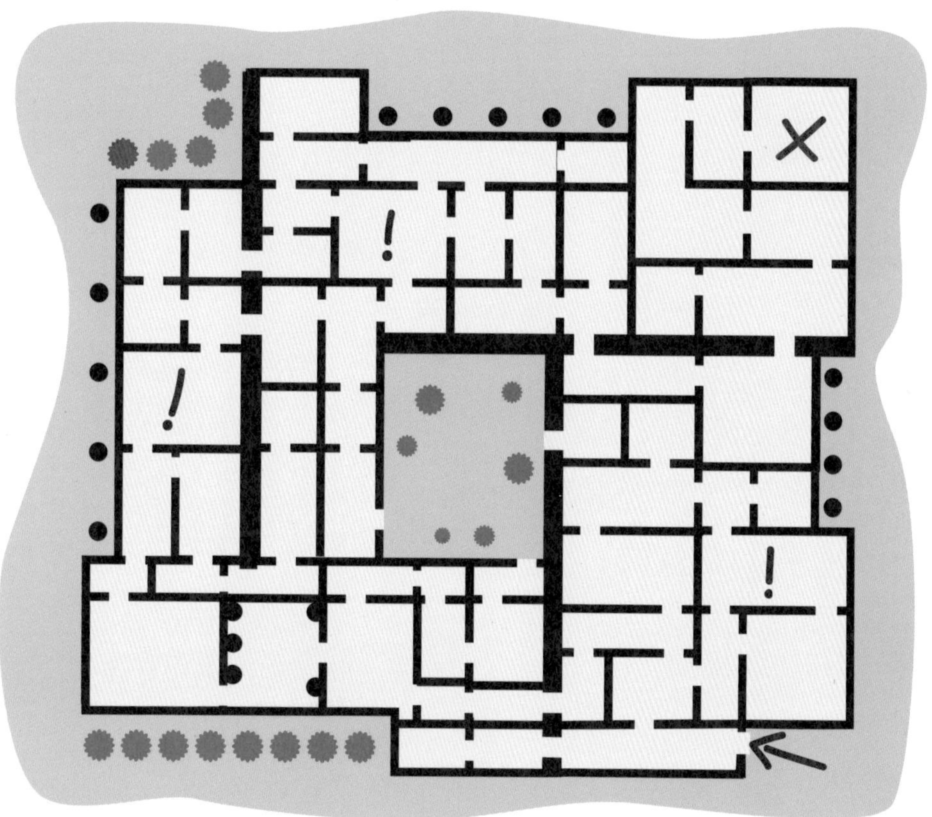

단어와 모양들이
지도의 다음 목적지에 있을 것이다.

17

유럽 횡단 비행

홈즈의 추리가 시작되자 산 페드로의 호랑이는 국외로 도피하여 한 나라에서 다음 나라로 계속 도망치는 삶을 연명했다. 그의 첫 목적지는 프랑스였다. 그다음부터는 이상한 미신에 따라 이동했다. 출발 국가와 도착 국가의 철자에 세 글자가 공통으로 있어야 한다는 것으로, 더 많지도 적지도 않은 딱 세 글자가 있어야 했다.

그가 도피했던 마지막 나라는 어디인가?

위 국가들의 철자에 없는 모음이
다음 목적지 이름에는 네 번 나타난다.

18
장부

경찰은 앨로이시우스 가르시아 씨의 집을 계속 수색하였고, 휴지통에서 찢어진 장부처럼 보이는 종잇조각을 발견한다. 그들은 여러 명에게 나눠준 부패자금의 금액이 적힌 조각은 따로 챙겨둔다.

"누구에게 얼마의 금액을 바쳤는지 정확히 알아낼 수 있다면, 그게 가장 큰 도움이 될 텐데." 홈즈가 말한다.

아래의 종잇조각을 모아 목록에 있는 각 사람들이 받은 금액을 맞혀보자.

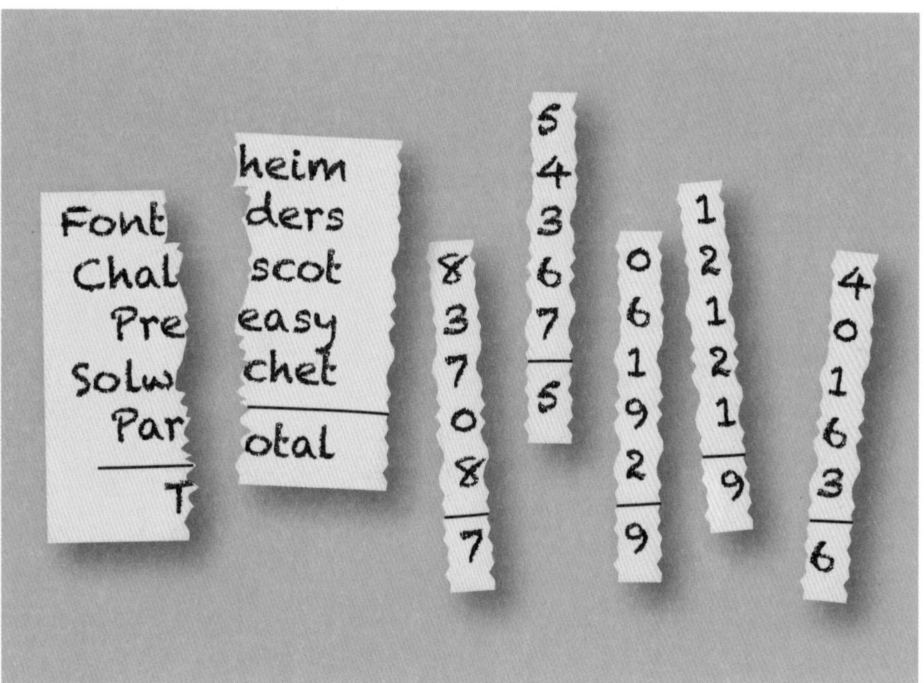

이번 모험은
스콧 에클스 씨의 이야기로 시작되고,
지도의 다음 목적지에 다시 그가 나온다.

19
중독된

가엾은 버넷 선생님은 납치된 데다가 자신도 모르게 정신이 몽롱해지는 약도 먹었다. 약 기운으로 그녀는 매우 무기력해지고 정신마저 혼미해진다. 그리고 마음 깊은 곳에 자리한 '자유'에 대한 인용문을 이상하고 산만한 방식으로 읊조린다.

그러나 약물 때문에 너무 몽롱해진 상태라서 각 인용문마다 두 쌍의 단어를 바꿔 말한다. 홈즈는 속으로 쉽게 바로잡는다. 여러분도 할 수 있겠는가?

Who chains his mocks free not be will.

Free a better king than a bird in captivity.

Captivity is better in work and be free than to be fed to it.

Others who deny themselves to those deserve it not for freedom.

Chains are not drag who free their they behind them.

야수가 다음 목적지에서
당신을 기다리고 있다.

20

감시 중인 경찰

"악당들이 도망가지 못하도록 모든 교차로에 경찰관을 배치하고 싶군요"라고 베인스 경위가 말한다. "하지만 그렇게 많은 인력을 투입하고 싶지는 않아요."

"세 명만 있어도 지도에 있는 모든 도로를 충분히 감시할 수 있습니다." 홈즈가 말한다.

베인스 경위는 세 명의 경찰관을 몇 번 자리에 배치해야 하는가?

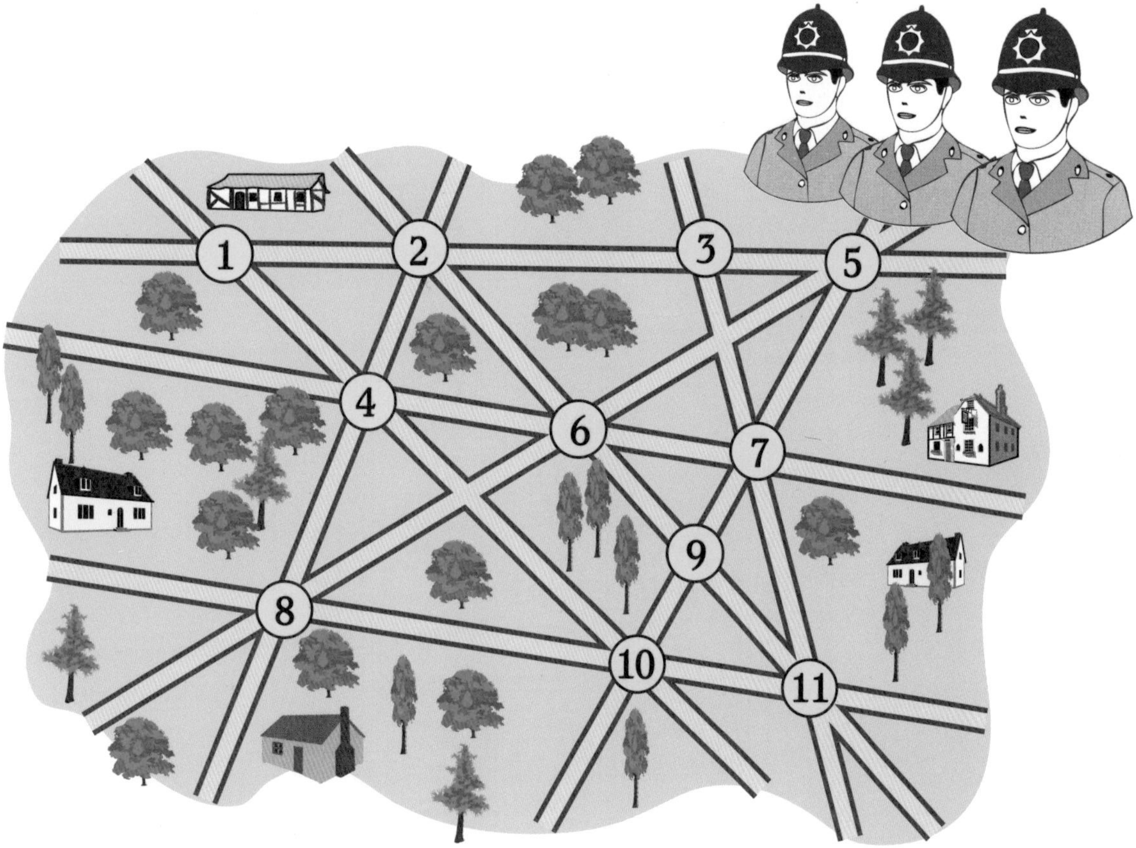

세 곳의 숫자의 합에서 3을 뺀 수가 지도에서 다음 목적지 번호이다.

21

창문의 얼굴

윌디스 경관은 일생일대의 공포를 느꼈다. 창문에 붙어서 그를 빤히 들여다보고 있는 얼굴이 극도의 공포심을 유발했던 것이다. 그 상황을 설명해달라고 하자 그는 당황해하며 앞뒤가 맞지 않는 정보를 준다.

홈즈가 예리하게 질문하고 왓슨이 차분하게 호응해줌으로써 비교적 정확한 얼굴이 그려진다. 아래 창문에 두 번 나타나는 얼굴이 있다. 그 한 쌍은 어느 것인가?

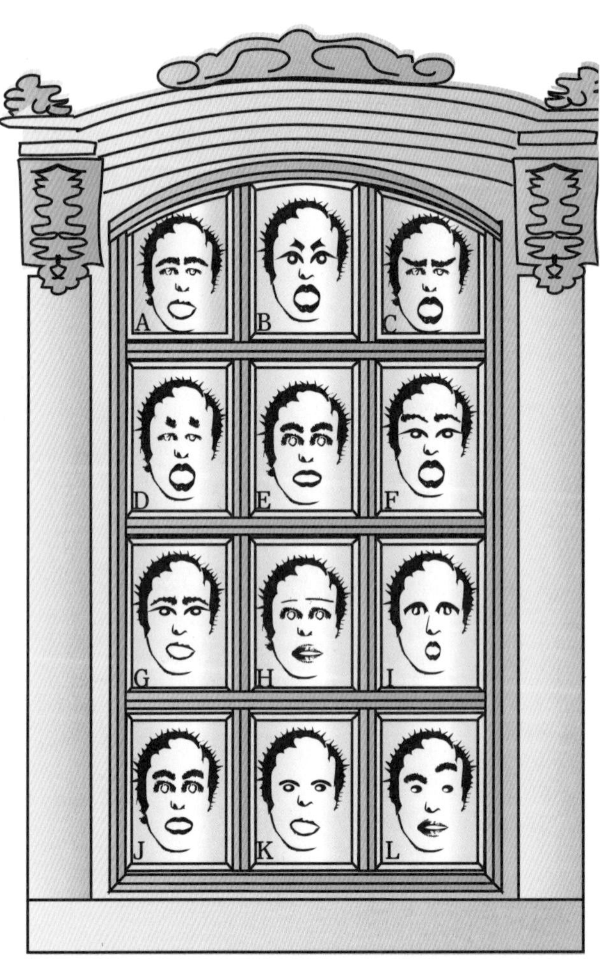

A=1, B=2 등으로 나갈 경우,
두 얼굴에 해당하는 알파벳의 숫자를 더한 값이
다음 목적지 번호이다.

22

늦은 밤 시간

"왓슨, 사건의 발생 시간을 정확하게 판단하는 것은 매우 까다로운 일이라네." 스콧 에클스가 등나무 저택에 머물렀던 이야기를 들은 후 셜록 홈즈가 말한다.

앨로이시우스 가르시아가 밤에 에클스를 부른 시간은 언제인가?

밤중에 가르시아는
에클스에게 지금이 새벽 1시라고 말한다.

하지만
에클스의 시계는 50분이 느리다.

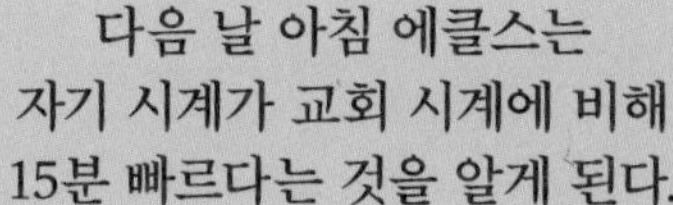

다음 날 아침 에클스는
자기 시계가 교회 시계에 비해
15분 빠르다는 것을 알게 된다.

하지만
한 젊은 여성이 그에게 교회 시계가 10분 늦다고 말한다.

스콧 에클스가 일어나자 집이 텅 비어 있다.
이곳이 지도에서 다음으로 가야 할 목적지다.

23

방의 조건

헨더슨 씨, 루카스 씨, 버넷 선생님, 그리고 두 소녀는 한동안 각자의 방에 살았다. 홈즈는 누가 어느 방에 있는지 파악하기 위해 이것저것 몇 가지 질문을 던졌고, 다음과 같은 결론에 도달했다.

- 헨더슨 씨가 주황색 방에 있다면, 버넷 선생님의 방에는 창문이 세 개 있다.
- 만약 소녀들이 남쪽으로 난 창문이 있는 방에 있다면, 루카스 씨는 초록색 방에 있다.
- 버넷 선생님의 방에 창문이 세 개 있다면, 루카스 씨의 방도 마찬가지다.
- 헨더슨 씨가 초록색 방에 있다면, 소녀들도 초록색 방에 있다.
- 버넷 선생님과 소녀들이 서로 옆방이라면, 루카스 씨는 주황색 방에 있다.

그렇다면 누가 어느 방에 있는가?

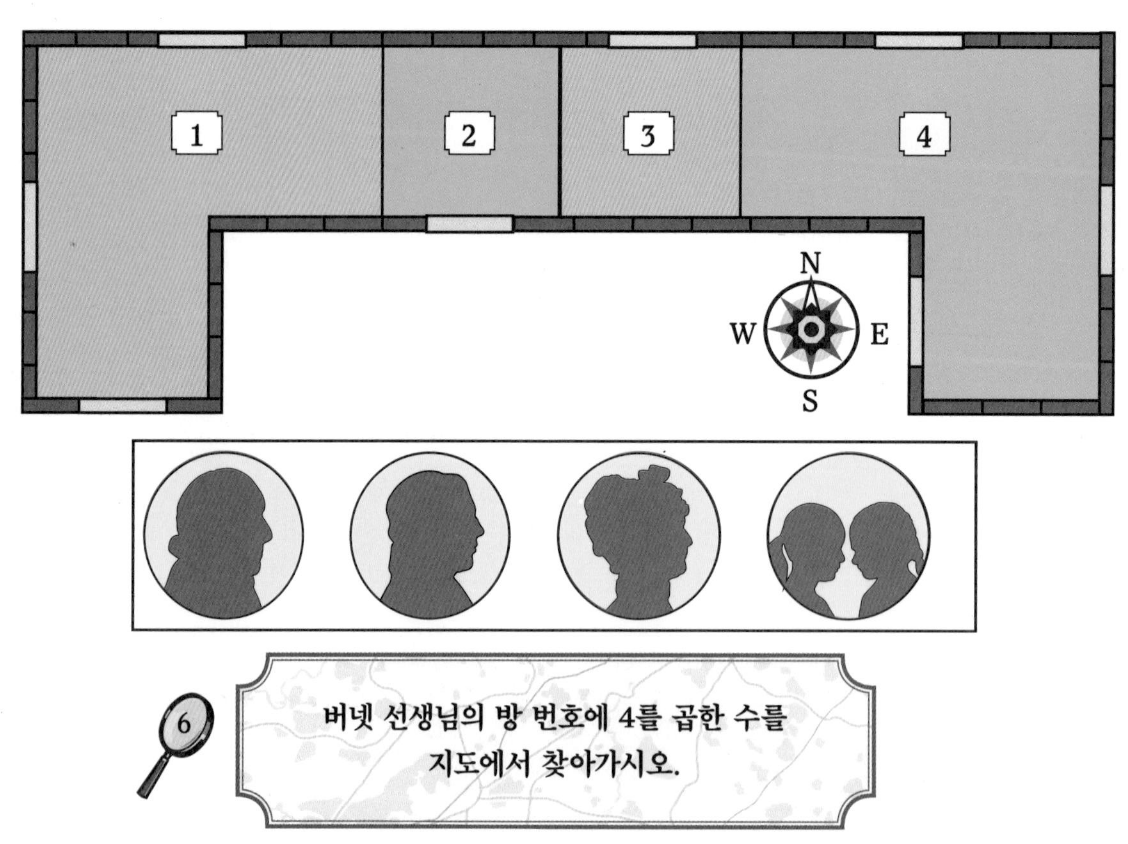

6

버넷 선생님의 방 번호에 4를 곱한 수를 지도에서 찾아가시오.

24
사전 게임

"'기괴하다'라는 말이 대체 무슨 뜻이라고 생각하나?" 셜록 홈즈는 이번 모험을 시작할 때 왓슨에게 물었고 다음과 같이 결론짓는다. "말이 나온 김에 하는 말인데, 기괴함에서 끔찍함으로 가는 것은 단 한 발짝 차이라네." 홈즈는 어휘를 좋아하는 사람으로 신중하고 정확하게 어휘를 구사하며 가끔씩 존슨 박사의 사전을 참고해가며 왓슨과 함께 사전 게임을 한다.

"이 단어들은 고약한 성격인 무릴로에게 잘 어울리겠는걸." 홈즈가 말한다. "각 단어와 새뮤얼 존슨 사전식 정의를 연결시킬 수 있는가?"

Boarish 잔인한
Corrupt 부패한
Covetous 몹시 탐내는
Ill-natured 심술궂은
Mortiferous 치명적인
Noxious 유해한
Rapacious 탐욕스러운
Tyrannical 포악한

1. 친절이나 호의를 원하지 않는
2. 죽음을 초래하는, 지독한, 파괴적인
3. 잔인한, 독재적인
4. 약탈하는, 무력으로 갈취하는
5. 추잡한, 야만적인, 잔혹한
6. 상처 입히는, 해로운, 파괴적인, 악의에 찬
7. 지나치게 돈을 갈망하는
8. 진실성이 없는, 사악함으로 물든

이제 '어떤 것의 마지막 부분'으로
정의될 수 있는 것에 도달했다.
셜록 챌린지에서 두 번째 숨겨진 단어를 찾으시오.

CHAPTER 3

제2의 얼룩

서술자인 왓슨 박사에 따르면 '제2의 얼룩의 모험'은 셜록 홈즈가 의뢰받은 사건 중에서 '가장 중요하고 국제적'인 사건이다. 19세기 말로 향하는 시대적 배경이 담긴 이 이야기를 통해 우리는 제1차 세계 대전 이전의 유럽 정치를 엿볼 수 있다. 무책임한 외국 군주가 쓴 도발적인 편지 하나가 자칫 '대전쟁'을 일으킬 뻔했으나 셜록 홈즈의 도움을 받은 영국 수상이 신중하고 현명하게 대처하여 갈등을 피하게 된다.

명료하고 다소 예언적인 성격의 도입부를 지나고 나면, 이야기의 줄거리는 홈즈의 활동과 뛰어난 추론에 초점이 맞춰진다. 이 퍼즐은 여러분에게 위험성은 높지 않지만, 대신 만만치 않은 도전거리를 제공할 것이다. 과연 여러분은 이 퍼즐들을 해결해나감에 있어 명탐정의 높은 수준에 도달할 수 있겠는가?

서문에서 설명한 대로 66~67페이지 지도를 여행의 길잡이로 활용하라. 사건을 최종적으로 해결할 때까지 이야기 속의 낯선 장소를 다니고 기묘한 사건을 푸는 데 반드시 필요할 것이다.

68페이지의 첫 번째 퍼즐부터 풀어라. 다 풀면 아래쪽 상자에 있는 단서를 보고 지도의 다음 목적지를 알아낸다. 그곳에는 다음으로 풀어야 할 퍼즐의 번호가 적혀 있다. 이런 식으로 퍼즐과 지도를 계속 왔다 갔다 반복하면서 모험의 마지막 퍼즐까지 가보자.

즐거운 여행 하시길!

제2의 얼룩
START
1. 이해할 수 없는 말들
Gobbledygook
12. 가계도
Famly Tree
20. 범죄의 그림자
Shadow of a Crime
22. 카펫의 대칭 무늬
Carpet Symmetry
7. 복제 열쇠
Duplicate Key
11. 도난당한 글자
Stolen Letter
14. 암호화된 이니셜
Coded Initials
15. 사냥
Hunting
ROMAN
5. 로마 메시지
Roman Message
16. 힐다 부인
Lady Hilda
10. 범인인가 피해자인가?
Culprit or Victim ?
18. 소중한 편지
Precious Letter
N
NE
E
SE
S
SW
W
NW

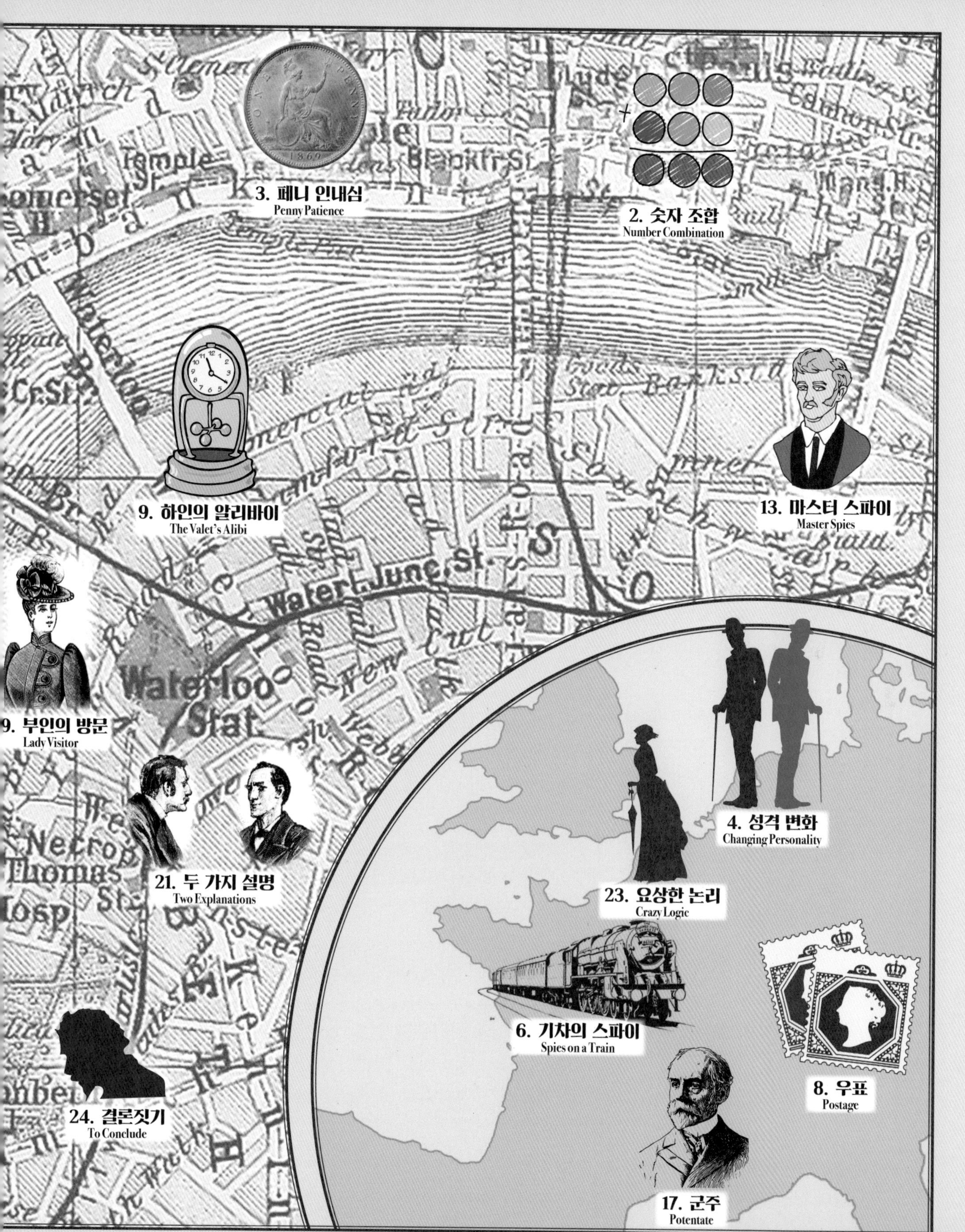
3. 페니 인내심
Penny Patience
2. 숫자 조합
Number Combination
9. 하인의 알리바이
The Valet's Alibi
13. 마스터 스파이
Master Spies
9. 부인의 방문
Lady Visitor
4. 성격 변화
Changing Personality
21. 두 가지 설명
Two Explanations
23. 요상한 논리
Crazy Logic
6. 기차의 스파이
Spies on a Train
8. 우표
Postage
24. 결론짓기
To Conclude
17. 군주
Potentate

1
이해할 수 없는 말들

수상이 셜록 홈즈를 찾아와 도난당한 편지에 대해 조심스러우면서도 솔직하게 말한다. 반면 외무부 장관은 무척 난해한 방법으로 자신의 의견을 이야기한다. 홈스는 목구멍까지 올라온 "정확하게 말해보시오! 하고 싶은 말이 무엇인지요!"라는 말을 꾹꾹 눌러 삼킨다.

대신 홈즈는 그 정치인이 길게 말한 것을 몇 마디로 간단히 요약한다. 아래 홈즈가 요약한 말 중 외무부 장관의 장황한 말을 정확히 해석한 것은 무엇인가?

이 섬세하지만 비현실적으로 중요한 사안에 대해
확고한 저의 속마음을 털어놓자면,
저는 사형제 폐지 반대 운동에 반대하지 않을 수 없습니다.

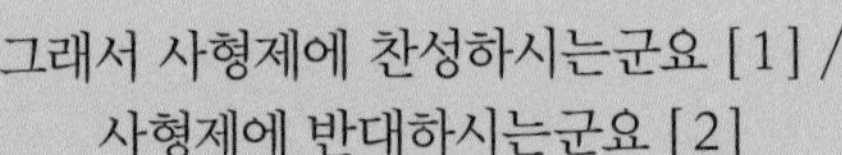

그래서 사형제에 찬성하시는군요 [1] /
사형제에 반대하시는군요 [2]

저는 그 프로젝트의 실행 가능성은
건전한 논쟁에 달려 있다는 것에 의문을 제기하는 사람들에게
깊은 이의를 제기할 것입니다.

그래서 우리가 이 프로젝트를 진행할 수 있다고
생각하시는군요 [1] / 우리가 이 프로젝트를 진행해서는
안 된다고 생각하시는군요 [2]

스미스는 이 약의 무해한 성질에 대한 테스트의 부정적인 결과가
결론에 이르지 못한 것은 아니라고 주장했습니다
(제 생각에는 상당히 문제가 있습니다).

따라서 이 약을 신뢰하는 것이지요 [1] / 신뢰하지 않는 것이지요 [2]

독자 여러분, 여러분께서는
세인트 제임스 파크에 위치한 물체에 대한
카토그래퍼의 제작을 진행하라고 요구받았습니다.

2

숫자 조합

카펫을 젖히니 바닥에 구멍이 하나 있다! 그 안에 들어 있는 내용물은 공개되지 않을 것이다. 그러나 홈즈는 지금껏 자물쇠 번호의 조합을 알아냈던 적이 많이 있었다. 누군가가 비밀번호를 잊어버릴 경우를 대비하여 쪽지에 번호를 (알아보기 어렵게) 적어놓은 것을 운 좋게 발견한 적도 있었다.

아래 그 쪽지가 있다. 비밀번호는 무엇인가? 홈즈보다 더 유리하게 출발하려면 1에서 6까지의 숫자로만 구성되어 있음을 아는 게 좋을 것이다.

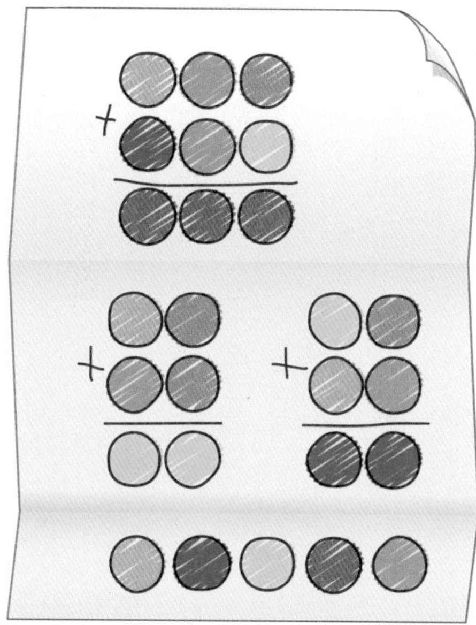

조합된 숫자를 모두 더하면
지도에서 다음으로 가야 할 번호가 나온다.

3

페니 인내심

수상의 방문 이후 셜록 홈즈는 넋이 나간 채 깊은 생각에 잠겨서 주변 상황을 의식하지 못하고 있다. 왓슨은 탐정 친구가 현실로 돌아오기를 묵묵히 기다리며 피즐로 시간을 보낸다. 그는 격자판 위에 페니를 놓는데, 이왕이면 각 행과 열 그리고 두 개의 큰 대각선에 페니를 각각 세 개씩 놓는 것에 도전하려고 한다. 동전을 세 개만 옮길 수 있고, 각 동전은 위, 아래, 옆 또는 대각선으로 한 칸씩 이동할 수 있다.

어떤 동전이 어디로 가야 하는가?

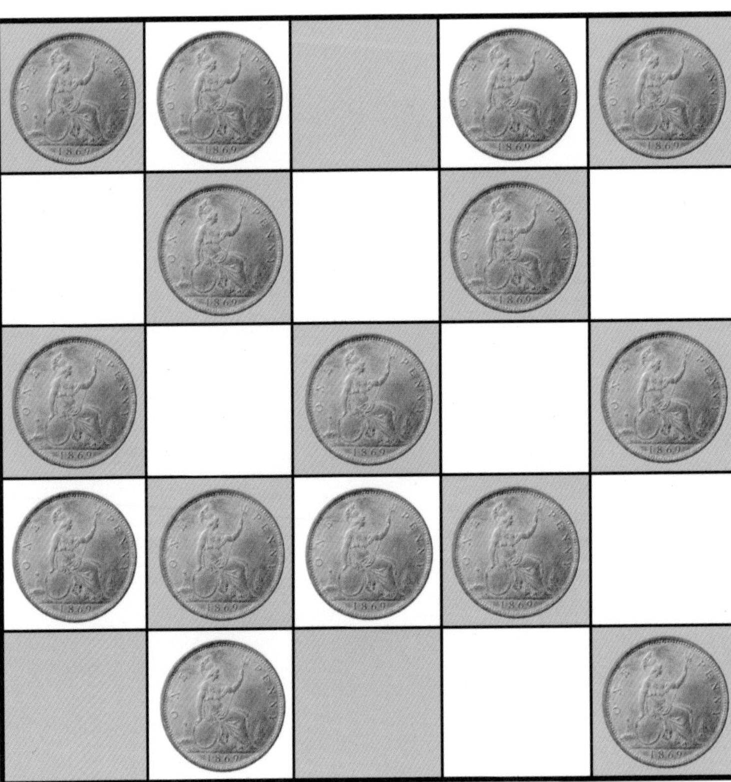

인내심으로 단단히 무장하고 다음 목적지까지 지도의 서쪽으로 곧장 이동하시오.

4
성격 변화

고인이 된 스파이의 삶을 조사하는 과정에서 그가 인생의 여러 측면에서 변덕스러운 인물이었음이 드러났다.

"그와 같은 사람과 함께한다는 것은 어느 날은 매력적이고 솔직한 사람을 만났다가 그다음 날은 무자비하고 음모를 꾸미는 사람을 만나는 것이지." 왓슨이 한숨을 내쉰다.

"맞아." 홈즈가 동의한다. "단어도 마찬가지야. 여기 한 글자 저기 한 글자 바꾸다 보면 한 단어가 원래 뜻과 완전히 반대 뜻을 지닌 단어가 될 수 있지."

아래 두 가지 예시가 있는데 각각 첫 번째 줄의 단어에서 한 글자를 다른 글자로 바꾼 다음 재배열하여 새로운 단어를 만든다. 계속 반복하여 마지막 줄 단어까지 간다.

S	I	N	G	L	E
D	O	U	B	L	E

C	L	E	V	E	R
S	T	U	P	I	D

영국 해협 근처에 있는 여인에게 가시오.

5

로마 메시지

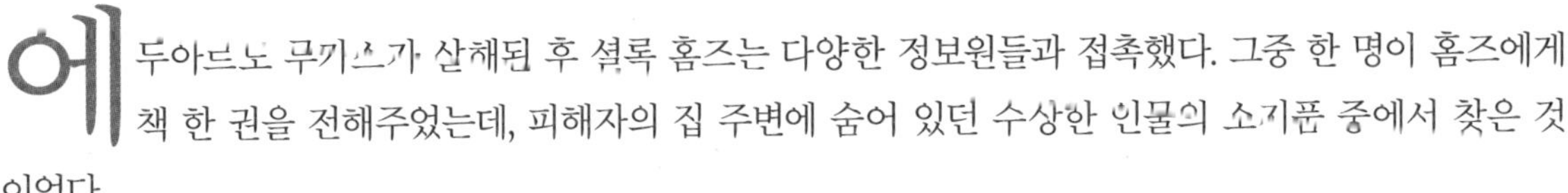

에두아르도 무기스가 살해된 후 셜록 홈즈는 다양한 정보원들과 접촉했다. 그중 한 명이 홈즈에게 책 한 권을 전해주었는데, 피해자의 집 주변에 숨어 있던 수상한 인물의 소지품 중에서 찾은 것이었다.

"이건 분명 메시지를 암호화시켰군, 안 그런가, 셜록?" 왓슨이 책에 적힌 글을 보고 말한다.

"그래 맞아." 탐정이 대답한다. "하지만 자네가 생각하는 것과 달리 숫자 암호가 아닐세. 자신을 로마인 브루투스라고 칭하는 어떤 보조 스파이가 있는데, 이 암호를 그자가 만들었을 가능성이 높다는 말을 듣고서는 판독 방법을 추측해보았어."

홈즈의 정보를 이용하여 아래의 메시지를 판독할 수 있는가?

Ƨ 50 50
100 Ƨ 50 1000
Ƨ 1000 1 500
1000 Ƨ 500
5 1 50 50 Ƨ
100 50 1 1000 Ƨ 10

50 Ƨ 500 1
1 50 500 Ƨ
000Ɪ 1 50 50
100 Ƨ 50 50
500 Ƨ 5 1 500

지도의 다음 목적지는
잠금 또는 열림의 두 가지로 작동된다.

기차 안의 스파이

에두아르도 루카스가 파리를 여행하는 동안 아니나 다를까 세 명의 전담스파이가 따라다녔다. 그들은 눈에 띄지 않고 업무를 수행하기 위해 기차의 다른 객차에 각각 앉았다. 홈즈는 49대의 객차 중 다들 어디에 앉아 있었는지 정확히 알고 싶어 세 명의 전담스파이에게 질문을 던진다.

첫 번째 전담스파이인 해리가 말한다. “제 객차 앞에는 뒤보다 두 배 많은 객차가 있었습니다.”

두 번째 전담스파이인 딕이 대답한다. “제 객차 뒤에는 앞보다 세 배 많은 객차가 있었습니다.”

세 번째 전담스파이인 톰이 결론짓는다. “전 둘 사이에 있었어요. 저와 해리 사이의 객차는 저와 딕 사이의 객차보다 다섯 배 많은 객차가 있었습니다.”

“루카스는 어디 있었던 겁니까?” 폭발 직전의 분노를 누르고 홈즈가 침착하게 묻는다.

“저와 루카스 사이의 거리는 루카스와 딕 사이의 객차 수보다 두 개 적었어요.” 톰이 동요하지 않고 대답한다.

기차의 첫 칸이 1번이고 마지막 칸이 49번이라면, 루카스는 몇 번 객차에 있었는가?

딕의 객차 번호에서 4를 빼면
지도의 다음 목적지 번호가 나온다.

복제 열쇠

금고의 열쇠를 복제한 힐다 부인은 원본과 비교해보고 싶어진다. 여러 개의 열쇠를 급하게 움켜잡았는데, 신경이 극도로 예민해진 상태라서 복제한 열쇠를 다른 열쇠들 사이에 떨어뜨린다. 낭왕하니 원래의 열쇠도 복제한 열쇠도 찾을 수 없다. 힐다 부인이 똑같은 열쇠 두 개를 찾도록 도와줄 수 있는가?

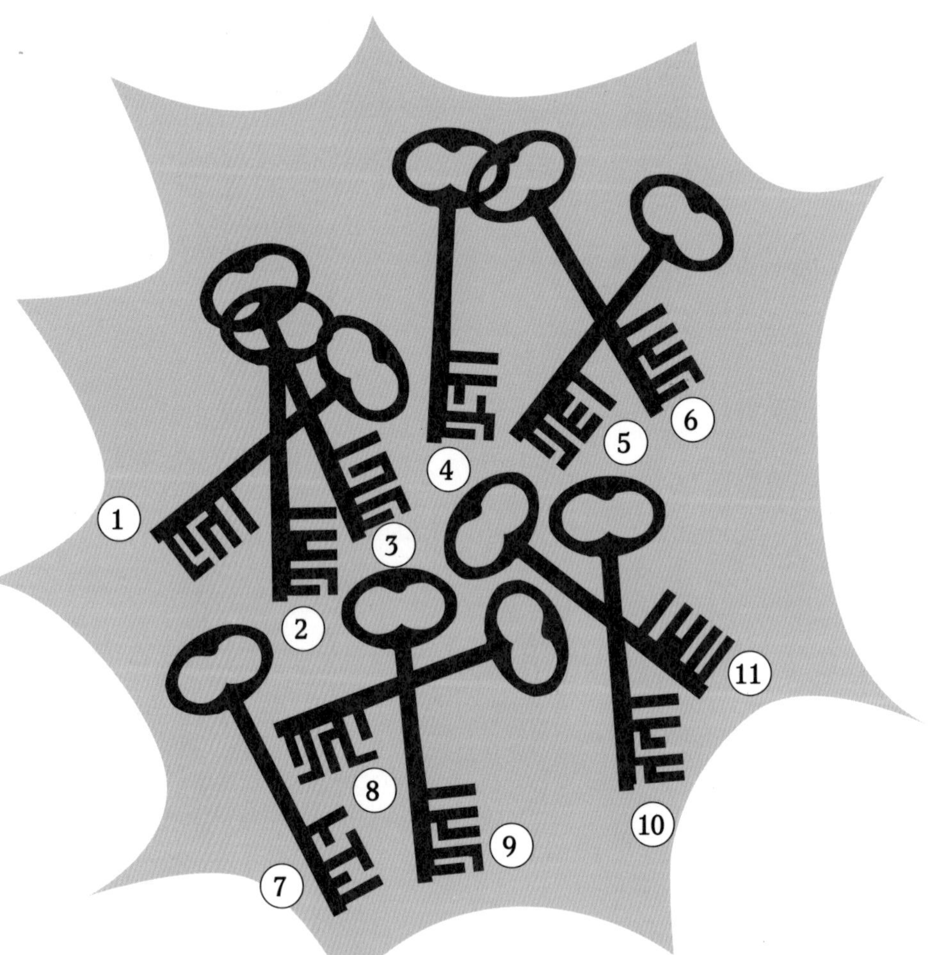

4

똑같은 열쇠 두 개의 번호를 더한 수를 지도에서 찾아가시오.

8
우표

"그가 우편으로 보냈는가?" 왓슨은 외국 군주가 보낸 터무니없는 편지를 언급하며 농담을 한다.

"우푯값이 아까워 어찌 그렇게 했겠는가!" 수상이 놀라워하는 가운데 셜록이 받아친다.

우편으로 보냈더라면 그 지역 화폐로 총 76의 가치가 나가는 우표를 붙였을 것이다. 아래 우표 중 어느 것들을 사용했을까?

다음 목적지가 될 번호는 정답인 우표 중 가장 저렴한 우표의 값과 같다.

9

하인의 알리바이

"집에 도착하여 당신의 시계를 확인했을 때 자정으로부터 20분이 지나 있었지요. 맞습니까?" 홈즈가 묻는다.

"네 그렇습니다, 선생님." 전날 밤 살인범을 목격한 하인이 대답한다. "하지만 제 시계가 조금 빠릅니다." 그가 덧붙인다.

"얼마나 빠릅니까?" 홈즈가 묻는다.

"매시간 2분씩 빨라집니다. 하지만 오늘을 제외하고 매일 아침 탁상시계를 보고 10시 정각에 맞춰놓았어요."

"왜 그렇게 해야 하는 거죠?" 탐정이 묻는다.

"루카스 씨는, 어, 시계가 정확하길 원하는데, 이 시계는 매시간 3분씩 느려지니까요"라고 하인이 말한다.

몇 분이 알리바이일 수 있으므로 셜록 홈즈는 하인의 시계와 탁상시계를 비교한다.

하인은 어젯밤 몇 시에 들어왔는가?

12시간 시계 숫자판에서
1600시간에 해당하는 숫자를
지도에서 찾아가시오.

10

범인인가 피해자인가?

"범인이 피해자였어." 홈즈는 왓슨이 완전히 이해하지 못한 것을 못마땅하게 여기며 한숨을 내쉬었다.

"그 살인범 말인가?" 왓슨이 믿을 수 없다는 듯 묻는다.

"아니, 아니, 편지를 훔친 사람." 홈즈가 정확히 짚어준다.

"피해자라고? 정말인가?" 왓슨이 친구의 추론을 힘겹게 따라가고 있다.

"여기 그 이유가 있다네."

홈즈는 왓슨 박사의 질문에 대한 답이 들어 있는 작은 퍼즐을 건네며 말한다.

아래 단서를 사용하여 그리드에 숨겨진 단어를 찾으시오.

- 두 개의 동일한 문자 사이에 있는 문자.
- M 바로 위에 있는 A 위에 있는 문자.
- J 왼쪽에 있는 K의 왼쪽에 있는 문자.
- N 밑에 있고 L 바로 오른쪽에 있는 문자.
- P 밑에 있는 R 아래에 있는 문자.
- H 왼쪽에 있고 A 아래에 있는 문자.
- 자기와 같은 문자 위에 있는 문자.
- S 밑에 있고 P 위에 있는 문자.
- F, M, N 옆에 있는 문자.

O	F	A	H	G	N	J	K
L	P	H	A	L	C	A	F
F	G	L	F	O	P	H	M
O	K	F	O	S	K	G	X
P	L	A	H	I	E	U	F
G	A	K	J	P	A	B	A
J	M	H	F	R	A	K	N
N	L	F	H	K	F	G	L

국회의사당 옆에 있는 현판으로 이동한다.

11

도난당한 글자

트델모니 호프 장관은 금고에 보관하는 모든 문서에 작은 기호 두 개를 찍는다. 이 두 기호의 난해한 의미를 굳이 지금 파헤칠 필요는 없지만, 모두 논리적인 규칙성을 띤다.

이 금고 안에 넣어둔 중요한 편지가 사라졌다. 홈즈는 사라진 편지에 어떤 기호가 찍혀 있었는지 재빨리 추측해본다. 여러분도 같이 해보자.

지도에서
'지배자', '주권자', '권력자'의 동의어를 찾아
그곳으로 가시오.

12
가계도

트렐로니 호프 부인이 지목되자 셜록 홈즈는 동료에게 고개를 돌리며 말한다. "어서, 왓슨, 좀 더 자세히 알려주게. 트렐로니 호프의 아내라는 것 말고, 어떤 사람이지?"

"힐다 트렐로니 호프 부인은" 왓슨이 묵직하게 말을 꺼낸다. "월러스 더 밸로러스라고 알려진 전설적인 인물의 손자인 벨민스터 공작의 딸이야."

"월러스 더 밸로러스에게는 두 아들이 있었는데 벨민스터 공작의 아버지와 테레사 웨더비와 결혼한 나다니엘이었지. 그들의 아들 호레이스는 수상 부인의 아버지라네. 다시 테레사 웨더비로 돌아가서, 그녀는 예술계의 유명한 후원자인 클라리사 웨더비의 언니이며, 그들의 아버지는 코워디 커스버트로 알려진 다른 전설적인 인물이었어. 글쎄, 어쨌든 클라리사는 힐다 부인의 남편인 트렐로니 호프의 할머니라네!"

셜록 홈즈는 잠시 생각을 정리하고 나서 묻는다. "그럼 다음 사실들이 맞는 건가?"

- 수상의 장인 호레이스가 힐다 부인의 삼촌인가?
- 트렐로니 호프의 증조할아버지는 다름 아닌 코워디 커스버트인가?
- 호레이스와 벨민스터 공작은 사촌인가?
- 테레사 웨더비는 코워디 커스버트의 딸이자 월러스 더 밸로러스의 며느리인가?

셜록의 진술 중 옳은 것은 몇 개인가?

**지도의 다음 목적지는
이 가계도에 있는 사람이다.**

13

마스터 스파이

셜록 홈즈는 도난당한 편지가 런던에서 활동하는 국제 스파이 중 가장 영향력 있는 세 명, 즉 오버스타인, 라 로티에르, 에두아르도 루카스 중 한 명에게 팔린 것으로 의심하고 있다.

"이런 위험한 사람들과 협상에 들어가기 전에, 그들에 대해 좀 더 잘 파악하는 것이 좋을 것 같군. 왓슨, 그들에 대해 아는 게 좀 있는가?" 홈즈가 묻는다.

"전혀, 아무것도 모른다네." 왓슨 박사가 대답한다.

홈즈는 이 마스터 스파이들에 대해 철저히 조사하고 다음과 같은 결론을 내린다.

- 에두아르도 루카스와 오버스타인 두 사람 중 덜 부유한 사람이 세 사람 중에서 나이가 가장 많다.
- 미술상인 척하는 사람은 기자라고 주장하는 사람만큼 부유하지 않다.
- 오버스타인과 라 로티에르 두 사람 중 더 부유한 사람이 세 사람 중에서 나이가 가장 많다.

- 기자로 추정되는 사람은 사업가 행세를 하는 사람보다 나이가 더 어리다.
- 라 로티에르와 에두아르도 루카스 두 사람 중 나이가 더 많은 사람이 세 사람 중에서 가장 부유하다.

각 스파이의 나이, 재산 상태, 그리고 가짜 직업을 구별할 수 있는가?

다음 목적지는 동전을 던져 앞뒷면 맞추기 놀이를 할 수 있는 곳이다.

14

암호화된 이니셜

셜록 홈즈는 살인 현장을 감식했던 모든 경찰관들에게 차례대로 질문한다. 평소 의심이 많고 매사에 신중한 홈즈는 자신만의 암호로 그들의 이니셜을 쓴다. 홈즈는 찾고 있던 사람을 발견하였고 그의 이름 전체를 적는다.

이 암호에 정통한 왓슨은 이니셜이 (알파벳 순서로) AL, AO, EA, LE, ND, NO 및 OD임을 안다.

아래 밑줄 친 이름은 무엇인가?

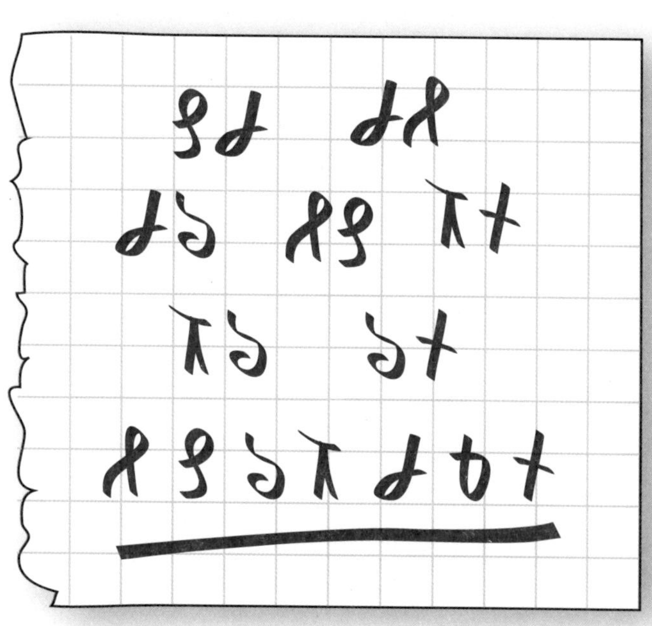

다음 목적지에서는
어떤 사람이 무죄인지 유죄인지 묻는다.

15

사냥

셜록 홈즈가 발견한 것처럼, 이 사냥하는 장면은 사실 복잡한 메모의 일부분이다. 어떤 이유로 트렐로니 호프는 금고의 비밀번호를 잘 기억하지 못하는데, 실은 번호를 적어놓는 경우 누군가 볼 수도 있다는 점을 두려워하기도 한다. 따라서 그의 메모는 두 부분으로 나뉜다. 하나는 이 사냥 장면이고 다른 하나는 다음과 같이 쓰인 메모이다: 첫 번째 숫자는 두 번째 숫자의 두 배이고 세 번째 숫자는 처음 두 숫자의 합과 같다.

아래 사냥 장면을 이용하여 다섯 자릿수를 조합할 수 있는가?

정답에 있는 세 번째 말의 숫자가 지도의 다음 목적지 번호이기도 하다.

16

힐다 부인

런던에서 가장 사랑스러운 여성인 트렐로니 호프 부인이 홈즈의 사무실에 들어서자 왓슨은 한눈에 반한다. 그는 그녀의 섬세하고 미묘한 매력에 빠지고 우아한 머리 색상에 시선이 갈 수밖에 없다. 물론 홈즈는 동료의 감정을 알아차리고 그녀가 떠나자마자 왓슨에게 물어본다.

아래 그리드에서 셜록이 그에게 무엇을 물어봤는지 찾아보자. 왼쪽 상단 끝부터 시작하여 오른쪽 하단 끝까지 한 글자씩 붙어서 이동한다(대각선 방향은 아님).

T	H	E	N	W	H	D	I
S	I	F	O	S	A	T	D
Y	X	A	I	T	E	H	T
O	E	S	R	A	L	A	D
U	E	N	T	W	E	R	Y
R	M	T	R	L	A	A	N
D	E	P	A	L	Y	W	T

정답의 세 번째 단어에서
'E'를 'I'로 바꾼 단어로 이동하시오.

17
군주

유럽에 전쟁을 일으킬 수도 있는 그 편지는 외국의 군주가 홧김에 쓴 것이다. 수상은 매우 신중한 성격이어서 그 이름을 직접 거론하지 않지만, 홈즈는 그의 출신 국가를 알아낼 방법을 찾고 있다.

아래의 첫 번째 원 안에 있는 글자를 배열하여 유럽 도시의 이름을 만들고 첫 번째 글자를 적어둔다. 두 번째 원도 같은 방식으로 진행하여 유럽 도시의 이름을 만들고 두 번째 글자를 적어둔다. 나머지 네 개의 원에도 같은 방식을 적용한다.

따로 적어둔 여섯 글자가 그 정치인의 출신 국가 이름이다.

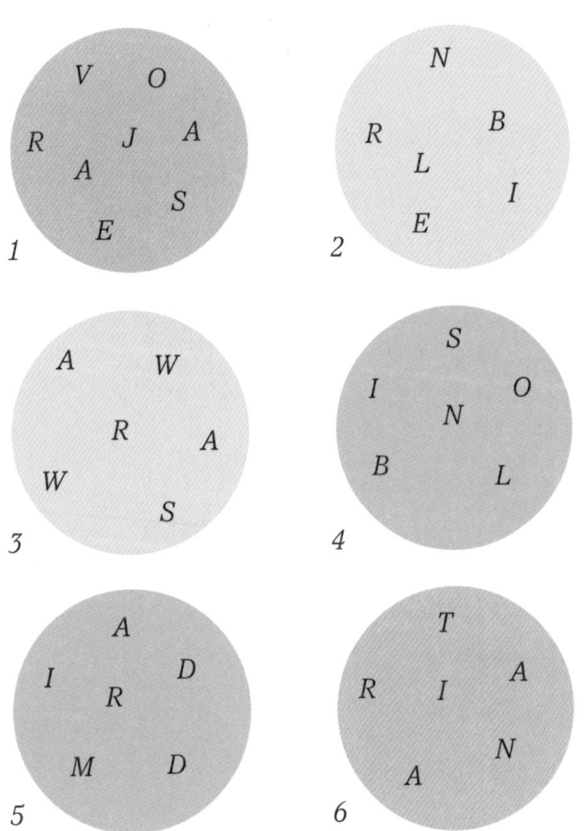

지도에서 북동쪽 방향으로
조금만 더 이동하시오.

18

소중한 편지

트렐로니 호프는 그의 공문서함을 셜록 홈즈에게로 가져왔다. 그는 함을 열고 내용물을 비우며 말한다. "직접 보세요. 제가 말했듯이 그 중요한 편지가 없어요!"

"좀 더 자세히 살펴보시는 게 어떨까요." 홈즈가 말한다. "다른 편지에 부분적으로라도 가려진 것은 놔두고 편지를 한 통씩 집어올린다면, 그 편지 위에 있는 편지가 밑에 있는 편지보다 두 배 더 많을 것입니다."

아래의 편지 중 그 중요한 편지는 무엇인가?

최종 목적지인 24번으로 이동하시오.

19

부인의 방문

“자, 대답하기 전에 생각해보십시오.” 홈즈가 말한다. “당신의 대답이 매우 고결한 부인을 연루시킬 수 있습니다. 이 부인들 중에 아는 사람이 있나요? 만약 그렇다면 언제 봤는지 말해줄 수 있나요?”

홈즈는 경찰 앞에 다섯 장의 인물 초상화를 펼쳐놓는다. 경찰관은 다리의 방향을 몇 번 바꾸어 꼬면서 한참 망설인 끝에 대답한다. “월요일에 온 부인은, 줄무늬 옷을 입은 사람이 아니고, 화요일과 수요일에 온 부인들 사이에 있습니다. 목요일에 온 부인은 줄무늬 옷을 입은 사람 옆에 있습니다. 금요일에 방문한 부인은 어느 한쪽 끝에 있지 않지만 수요일에 방문한 부인은 어느 한쪽 끝에 있습니다.”

셜록은 원하는 정보를 얻었다.

어느 부인이 어느 날 왔는지 알겠는가?

지도의 다음 목적지는
워털루역 근처에서 두 신사가 깊은 대화를
나누고 있는 곳이다.

20

범죄의 그림자

모든 시대의 무기를 열정적으로 수집해온 에두아르도 루카스는 최상의 작품들을 전시한 패널을 가지고 있었다. 아이러니하게도 그는 이 패널에 있는 무기 중 하나로 잔인하게 공격받았다.

"살인범이 범행 무기를 가지고 떠난 걸로 보이는군." 홈즈가 말한다.

"맞아, 대응되는 무기가 없는 모양이 하나 있어." 왓슨이 확인한다.

무엇인지 찾을 수 있는가?

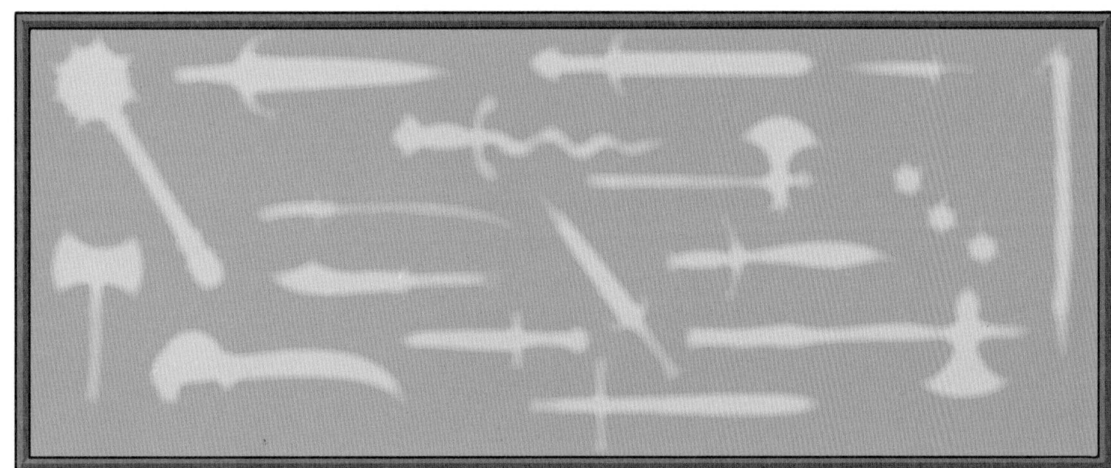

다음 목적지는
실제로 자라는 게 아닌 나무 옆에 있다.

21

두 가지 설명

"한 가지 문제를 해결하는 방법은 거의 항상 두 가지 이상이지" 홈즈는 수상이 방금 한 말을 곰곰이 생각하면서 중얼거린다. "때로는, 두 가지 설명 모두 옳을 수도 있어."

"내가 씨름하고 있는 이 문제처럼 말이야." 왓슨이 말한다.

아래 그리드의 모든 사각형 안에는 두 글자가 들어 있다. 그중 한 글자에 동그라미를 쳐서 십자말 퍼즐처럼 단어를 만든다. 동그라미를 치지 않은 글자들 역시 똑같이 유효한 두 번째 단어 세트를 만들 것이다.

A T	O M	W P	L E	E R
A D	■	A O	■	E A
M P	A E	R	I T	S T
I E	■	D K	■	E T
R T	R A	S A	I P	S N

지도에서 홈즈와 숨겨진 알파벳 대문자를 찾아보시오. 그곳이 바로 다음 목적지다.

22

카펫의 대칭 무늬

맨 처음 홈즈의 눈에 들어온 것은 카펫 가운데에 있는 얼룩이지만, 카펫 자체도 탐정의 관심을 끈다.

"왓슨, 카펫의 무늬가 대칭이 아니라는 걸 알고 있었나? 카펫 전체에서 대칭 무늬를 이루지 않는 열 개의 부분이 있다네." 홈즈가 말한다.

무엇인지 찾을 수 있는가?

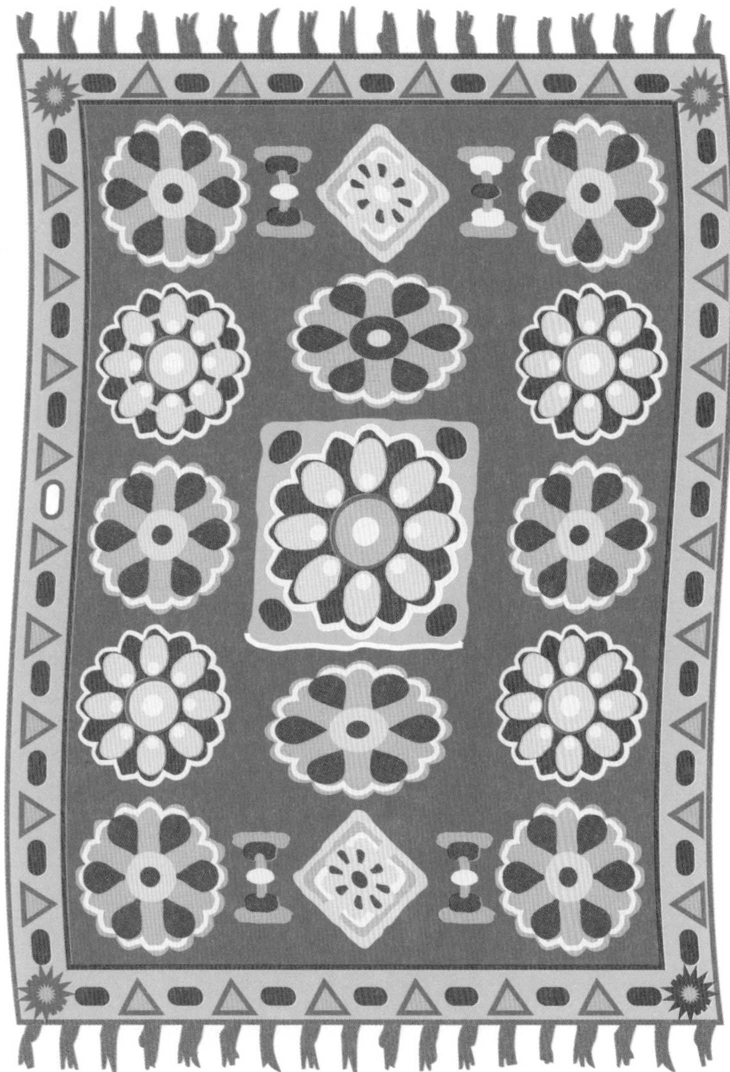

덧셈식을 이루는 원이 지도의 다음 목적지다.

23
요상한 논리

"푸르네이 부인의 정서가 불안정하다는 건 의심의 여지가 없어요. 부인은 자신만의 논리를 가지고 있는데, 가끔은 이해하기가 매우 어려워요"라고 홈즈가 말한다. "지난번에 제가 질문을 했었는데 다음과 같은 이야기를 했어요. '내가 본 모든 기혼 남성들 중에서 질투하는 사람은 거짓말쟁이였고 모든 테너 가수는 질투하는 사람들이었다. 일부 거짓말쟁이와 모든 스파이들은 불성실하지만, 모든 테너 가수는 성실하다.'"

자신의 남편이자 유명한 테너 가수인 에두아르도 루카스도 스파이라는 사실을 알았더라면 그녀는 자신의 추론이 잘못되었다는 것을 깨달았을 것이다.

기혼 남성에 대한 다음 진술 중 푸르네이 부인의 가정에 부합하는 것은 무엇인가?

1. 불성실한 거짓말쟁이에 질투하는 남자
2. 질투하지 않는 거짓말쟁이
3. 거짓말쟁이가 아닌 스파이
4. 거짓말하지 않는 테너 가수
5. 스파이가 아니고 질투하지 않고 거짓말쟁이가 아니지만 불성실한 사람
6. 성실한 스파이

지도에서 다음 목적지로 가려면
양탄자를 찾으시오.

24
결론짓기

왓슨은 공문서함에서 사라졌던 중요한 편지가 어떤 결론에 이르렀는지 알고 있지만, 이 사건의 공식 버전은 다소 다르다.

그리드 아래 세로로 놓인 글자들을 위쪽의 정사각형 줄에 넣어 사건의 공식 버전을 해독하라. 순서를 잘 정하는 것이 관건이다. 검정색 정사각형은 단어들 사이에 위치한다.

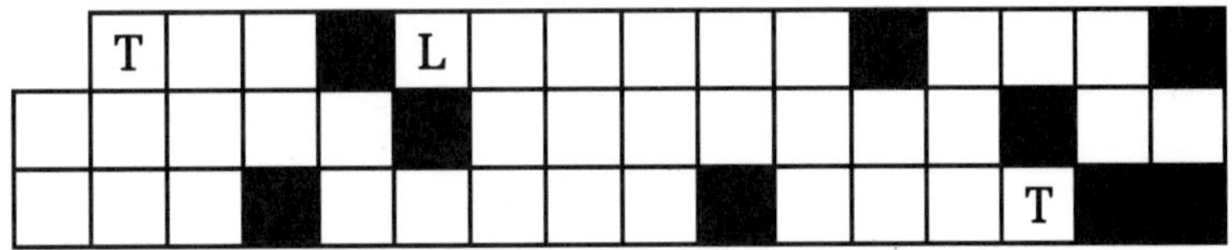

F	A	H	E	D	E	B	E	C	A	L	O	E	A	I	T
W	O	S	N	N	~~L~~	E	E	R	E	R	S	S	~~T~~	S	
	~~T~~	U				V	T	T		U		W			

홈즈의 관대한 아량이 낳은 이 선의의 거짓말로 이야기는 결론을 맺게 된다. 이제 셜록 챌린지에서 세 번째 숨겨진 단어를 찾을 때다.

CHAPTER 4

라이기트의 수수께끼

'라이기트 대지주 모험'으로도 알려진 '라이기트 수수께끼의 모험'은 셜록 홈즈가 신경 쇠약증 치료차 프랑스 중부 지방에서 요양하는 것으로 이야기가 시작된다. 이 증상은 그 이야기에서 매우 중요하다. 단지 홈즈가 쇠약해진 원인이어서가 아니라 사건 해결의 수단으로 신경 쇠약증을 이용하기 때문이다. 일례로 어떤 중요한 정보가 유출되려는 순간 홈즈는 쓰러지는 척하여 유출을 막는다. 그런가 하면 어떤 사실을 잘못 이해하지만 이것 역시 의도적으로 그런 척한 것이다.

언제나 그렇듯이 홈즈에게는 살인 사건을 해결하는 것이 가장 좋은 치료법이다. 사건이 전개되어 갈수록 예기치 못한 새로운 에너지가 홈즈에게 샘솟는다. 또한 오랫동안 간과해온 범죄학의 전면을 탐구하기도 하는데 바로 필적 분석을 통해서다. 글씨체는 그 사람의 성격과 의도를 들여다볼 수 있는 창이기 때문에 범인을 밝히는 데 도움이 된다. 홈즈는 비록 몸이 허약해진 상태지만 여전히 송곳처럼 날카로운 면모를 지니고 있으므로 여러분이 이 퍼즐을 만만하게 풀게 두지 않을 것이다.

서문에서 설명한 대로 94~95페이지 지도를 여행의 길잡이로 활용하라. 사건을 최종적으로 해결할 때까지 이야기 속의 낯선 장소를 다니고 기묘한 사건을 푸는 데 반드시 필요할 것이다.

96페이지의 첫 번째 퍼즐부터 풀어라. 다 풀면 아래쪽 상자에 있는 단서를 보고 지도의 다음 목적지를 알아낸다. 그곳에는 다음으로 풀어야 할 퍼즐의 번호가 적혀 있다. 이런 식으로 퍼즐과 지도를 계속 왔다 갔다 반복하면서 모험의 마지막 퍼즐까지 가보자.

즐거운 여행 하시길!

라이기트의 수수께끼

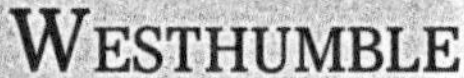

7. 가문의 분쟁
Family Claims

5. 벽의 틈
Gap in the Wall

11. 나무 블록
Wooden Blocks

15. 종이쪽지
Scrap of Paper

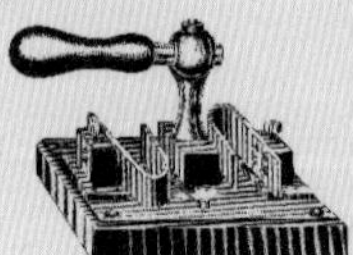

8. 불 끄기
Light Lock

BUCKLAND

12. 살인범!
Murder

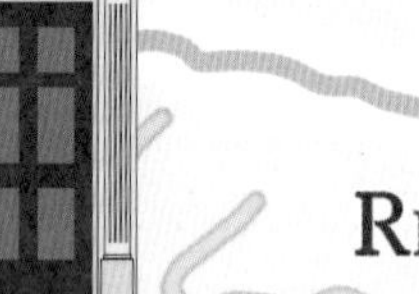

3. 문틀 위의 전쟁
Lintel

REIGATE

18. 필적 증거
Handwriting

21. 오타
Typo

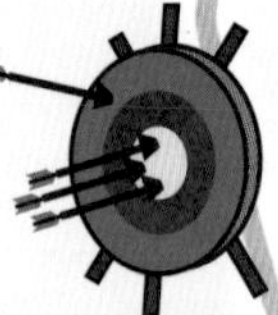

16. 양궁
Archery

22. 미로
Maze

19. 왓슨의 단어
Watson's Word

LEIGH

17. 샌드위치
Sandwich

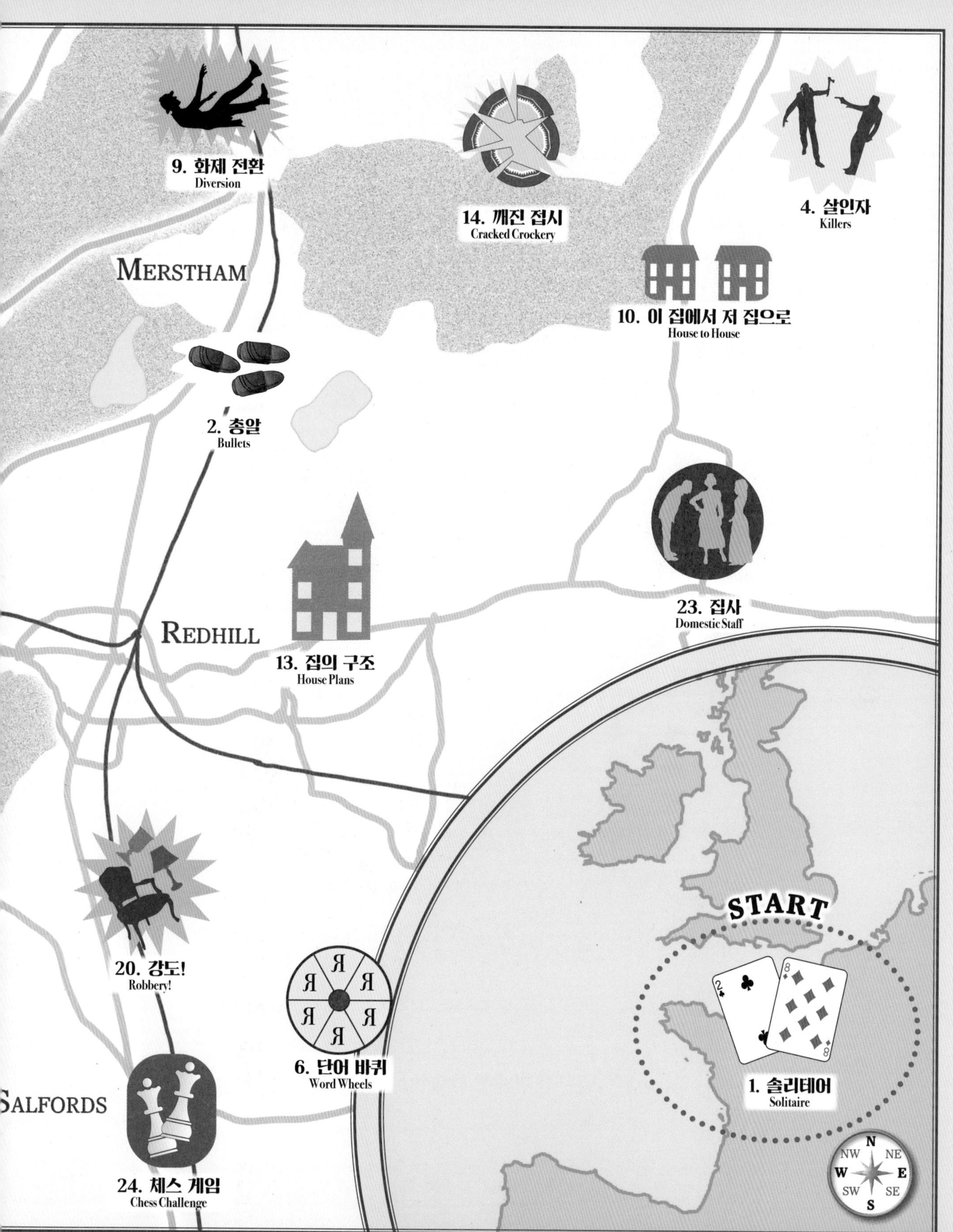
9. 화제 전환
Diversion
14. 깨진 접시
Cracked Crockery
4. 살인자
Killers
MERSTHAM
10. 이 집에서 저 집으로
House to House
2. 총알
Bullets
23. 집사
Domestic Staff
REDHILL
13. 집의 구조
House Plans
START
20. 강도!
Robbery!
6. 단어 바퀴
Word Wheels
1. 솔리테어
Solitaire
SALFORDS
24. 체스 게임
Chess Challenge
N
NW
NE
W
E
SW
SE
S

1

솔리테어

사건 수사에 머리를 너무 많이 써서 기력이 소진된 홈즈는 휴양차 왓슨의 친구 집에 가기로 한다. 하지만 그곳에 머무는 동안 마음을 고요하게 하고 머리를 식히라는 당대 최고 의사의 경고도 홈즈의 활발한 지성 앞에서는 무용지물이 되고 만다. 홈즈는 솔리테어 게임을 하는 척하면서 다양한 도전을 시도한다.

이번 도전은 다섯 장의 카드를 무작위로 골라 펼쳐놓고 각각의 카드가 왜 나머지 카드와 어울리지 않는지 이유를 대는 것이다. 어떤 카드는 나머지 네 장의 카드와 어울리지 않는 이유가 명확하고, 다른 어떤 카드는 조금 덜 명확하며, 또 나머지 어떤 카드는 그럴 가능성이 있는 정도이다.

각 카드가 '어울리지 않는 한 장의 카드'가 되는 이유를 댈 수 있는가?

클럽 숫자들을 더하고 스페이드 숫자인 6으로 나눈 다음
다이아몬드 숫자의 절반을 더하여 나온 값을 찾아간다.

2

총알

홈즈는 현대적인 수사 방법의 선구자다운 면모를 많이 지니고 있다. 어떤 용의자가 사용한 총을 확보하면 즉시 아주 중요한 증거물로 삼는다. 만약 발포된 총알과 피해자에게서 발견된 총알의 일그러진 형태가 비슷하다면 그것은 살인에 사용된 무기였을 가능성이 매우 높다고 본다.

아래에서 같은 총에서 발사된 후 같은 방식으로 변형된 동일한 총알 두 개를 찾으시오.

지도에서 서쪽으로 이동하여
가장 먼저 나오는 곳으로 가시오.

3

문틀 위의 전쟁

커닝엄의 집 문틀 위에는 말플라케 전쟁이라고 새겨져 있다. 홈즈는 그것을 보자마자 전쟁이 일어난 날짜를 중얼거린다.

"영국의 주요 전쟁 날짜를 모두 외우고 있단 말인가?" 왓슨이 감탄하며 묻는다.

"그렇다고 할 수 있지." 홈즈가 인정한다. "암기하는 요령이 있다네….

마르프라케는 'onto several naughty nightingales 몇 마리 발랄한 꾀꼬리'라네.

아쟁쿠르는 'only fold once finished 완료된 후에만 접기'이고.

트라팔가의 경우 'on either nifty finger 솜씨 좋은 손가락 위에'이지.

그리고 슈루즈베리 전투는 'one fortunate National Theatre 하나의 행운의 국립극장'이라네."

"산 로마노 전투는 어떤가?" 우첼로의 그림으로 유명하지만 영국 역사와는 완전히 동떨어진 전투인데 왓슨은 친구를 시험해볼 생각으로 묻는다.

"'Once for the twilight 황혼을 위해 한 번'이지." 홈즈가 주저하지 않고 대답한다.

홈즈의 전쟁 날짜 암기법은 무엇인가?

홈즈의 암기법에 따른 다음 목적지 번호는 'only silver'이다.

4

살인자

홈즈는 개인적인 경험을 토대로 한 번 살인을 저지른 사람들은 반복할 확률이 높다는 것을 알고 있다. 살인, 폭력적인 죽음 등에 관한 어휘가 극히 풍부한 것도 그런 연유이다.

여기 몇 가지 예시가 있는데, 모두 아래 그리드에 들어간다: assassinate(암살하다), carnages(대학살), crime(범죄), eliminate(제거하다), execution(처형), fell(추락), gash(상처), homicide(살인), kill(죽이다), liquidate(청산하다), murderer(살인자), slay(살해하다).

모든 단어를 배치한 후 회색 사각형의 글자들을 재배열하면 셜록이 가까스로 면했던 운명을 뜻하는 단어가 나온다.

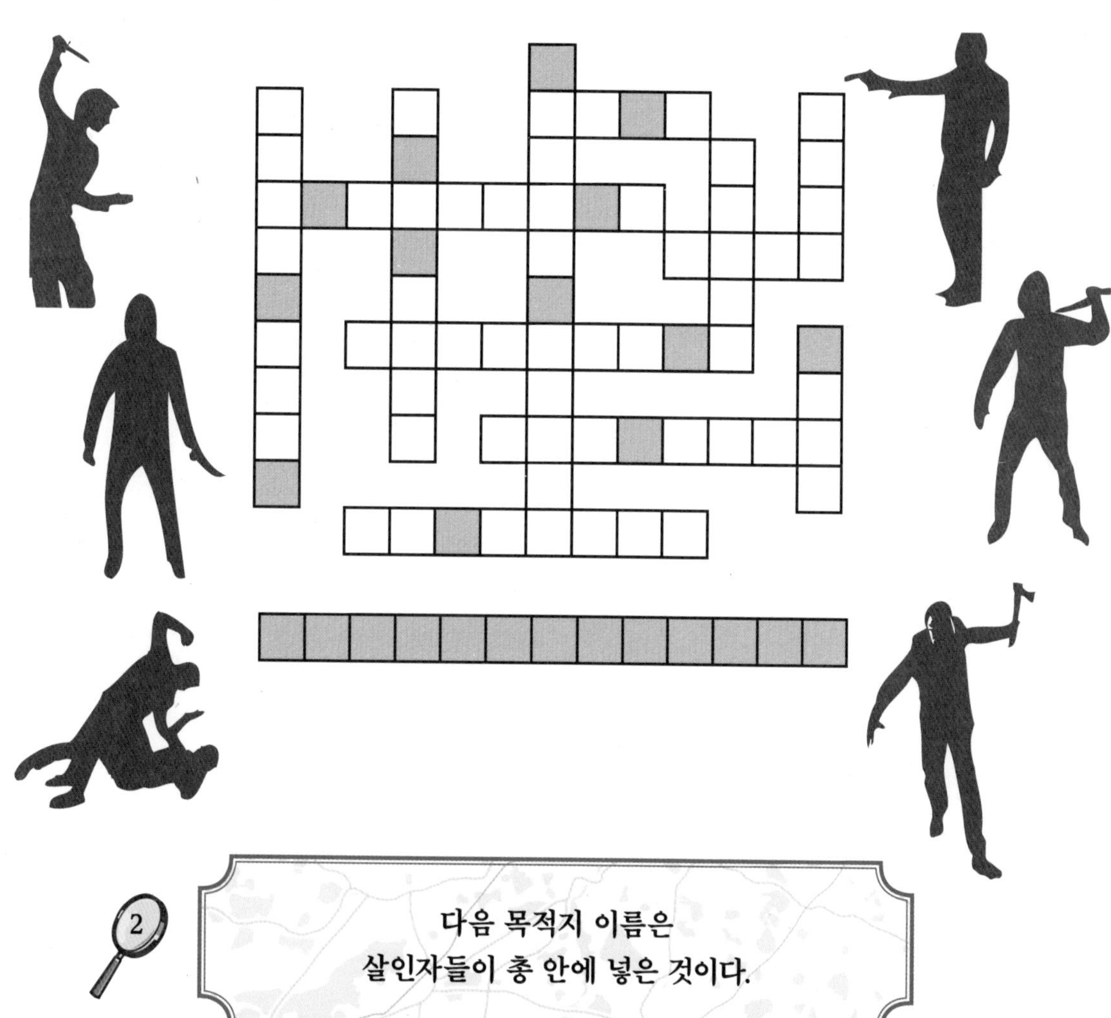

2

다음 목적지 이름은
살인자들이 총 안에 넣은 것이다.

5

벽의 틈

알렉 커닝엄에 의하면 마부를 쏜 남자는 집에서 뛰쳐나와 낮은 벽의 깨진 틈으로 빠져나갔을 것이라고 한다. 홈즈는 주변의 모든 환경, 즉 녹지, 관목, 도랑, 깨진 벽, 심시어 그 벽의 없어진 벽돌의 수까지 정확히 파악하고 있다.

아래 벽을 수리하려면 벽돌이 몇 개 필요한가? 벽은 굉장히 튼튼한 구조로서 두께가 벽돌 두 개라는 점에 유의하라.

**필요한 벽돌 수를 2로 나눈 다음 3을 뺀다.
이것이 다음 목적지 번호이다.**

6

단어 바퀴

왓슨 박사는 저명한 환자를 돌보면서 환자의 관심을 범죄 수사와 가능한 한 먼 곳으로 돌리려고 애를 쓴다. 이러한 노력의 일환으로 그는 셜록과 다양한 게임을 한다.

이 게임에서 왓슨은 아래의 각 원에 한 글자를 채워 넣어 건강한 신체 상태와 관련된 단어를 만들라고 홈즈에게 주문한다. 첫 번째 글자의 위치는 원마다 다르고 시계 방향 또는 반시계 방향으로 읽힌다. 아홉 개의 빠진 글자를 채워 넣고 이 글자들을 재배열하면 같은 주제에 대한 단어가 만들어진다. 무슨 단어가 나올까?

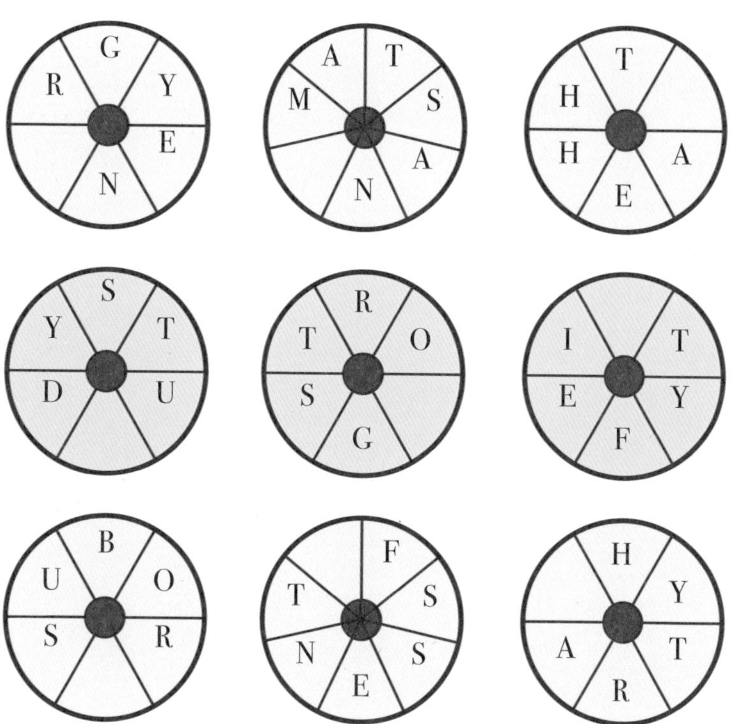

가구가 있는 곳까지 서쪽으로 가시오.

7
가문의 분쟁

이 지역 최대 지주인 액턴 가문과 커닝엄 가문은 재산을 놓고 수년 동안 소송을 진행하고 있다. 양측 변호사들은 무엇이 누구의 소유인지뿐만 아니라 누가 무엇을 주장하는지 규명하는 데 어려움을 겪고 있다.

홈즈는 액턴 가족 몇 명에게 질문한 후 다음 결론에 도달한다. 즉 액턴 가족은 각각 그들의 대답에서 소유재산 두 가지 항목에 대해서는 사실을 말하지만 한 가지 항목에 대해서는 거짓을 말한다(또는 착오일 수도 있음). 이를 바탕으로 탐정은 액턴 가족이 주장하는 그들의 소유재산에 대해 규명할 수 있다. 여러분도 할 수 있는가?

우리 가족이 소유한 재산은 …이다.

땅 7필지, 헛간 4개, 그리고 집

땅 8필지, 헛간 4개, 그리고 연못 2개

땅 8필지, 헛간 3개, 그리고 집

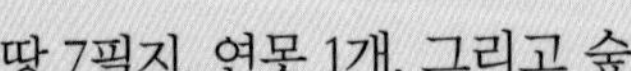

집, 헛간 3개, 그리고 숲

필지 수의 두 배와 헛간 수의 절반을 더한 수를 지도에서 찾아가시오.

8
불 끄기

범인 체포 후 집을 수색하는 도중에 경위는 복잡한 안전장치가 있는 문을 발견한다. 문을 열기 위한 여러 가지 조합을 시도해보다가 결국 홈즈에게 도움을 요청한다. 홈즈는 희한한 장치를 유심히 들여다보더니 다음과 같은 결론을 내린다. "문을 열려면 모든 불이 꺼지게 만들어야 합니다—."

"바로 그게 문제예요!" 경위가 끼어든다. "스위치를 돌리면 다른 불들이 켜진다니까요. 도저히 이해가 안 갑니다."

"맞아요, 복잡하지요." 홈즈가 인정한다. "나란히 있는 두 개의 스위치를 항상 동시에 켜면 해결됩니다."

이 조언을 참고하여 모든 불이 꺼지게 하는 방법을 생각해보라.

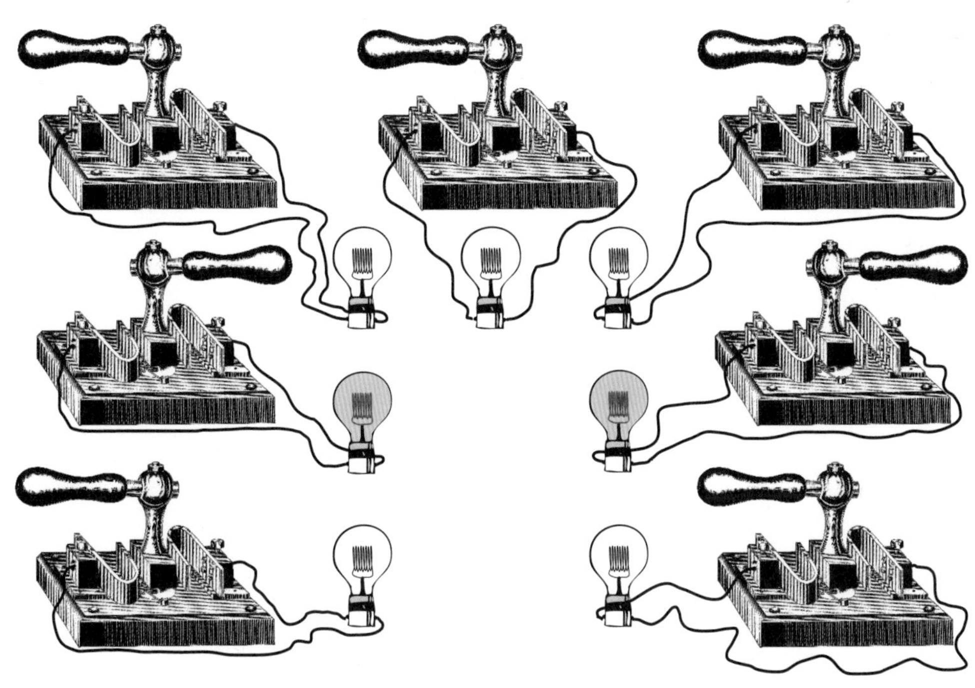

다음 목적지는
작은 나무 정육면체가 있는 곳이다.

9

화제 전환

마부 살인 사건을 조사하는 과정에서 포레스터 경위에 이목이 집중된다. 그는 중요한 사안이 대두되면 신이 나서 말이 많아지는 편이다. 이번 사건에서는 용의자들에게 몇 가지 중요한 증거를 누설할 뻔했다. 이 아슬아슬한 발설을 막기 위해 셜록 홈즈는 의식을 잃은 척하며 화제를 전환시킨다.

모든 사람들이 즉시 탐정 주위에 모여들어 그의 병세를 각자 다르게 표현한다. 홈즈의 상태를 표현하는 다섯 단어가 아래 구름 안에 있다. 각 단어의 첫 번째 글자는 첫 번째 구름에 있고, 두 번째 글자는 그다음 두 번째 구름에 있다. 다섯 단어를 만들어보자.

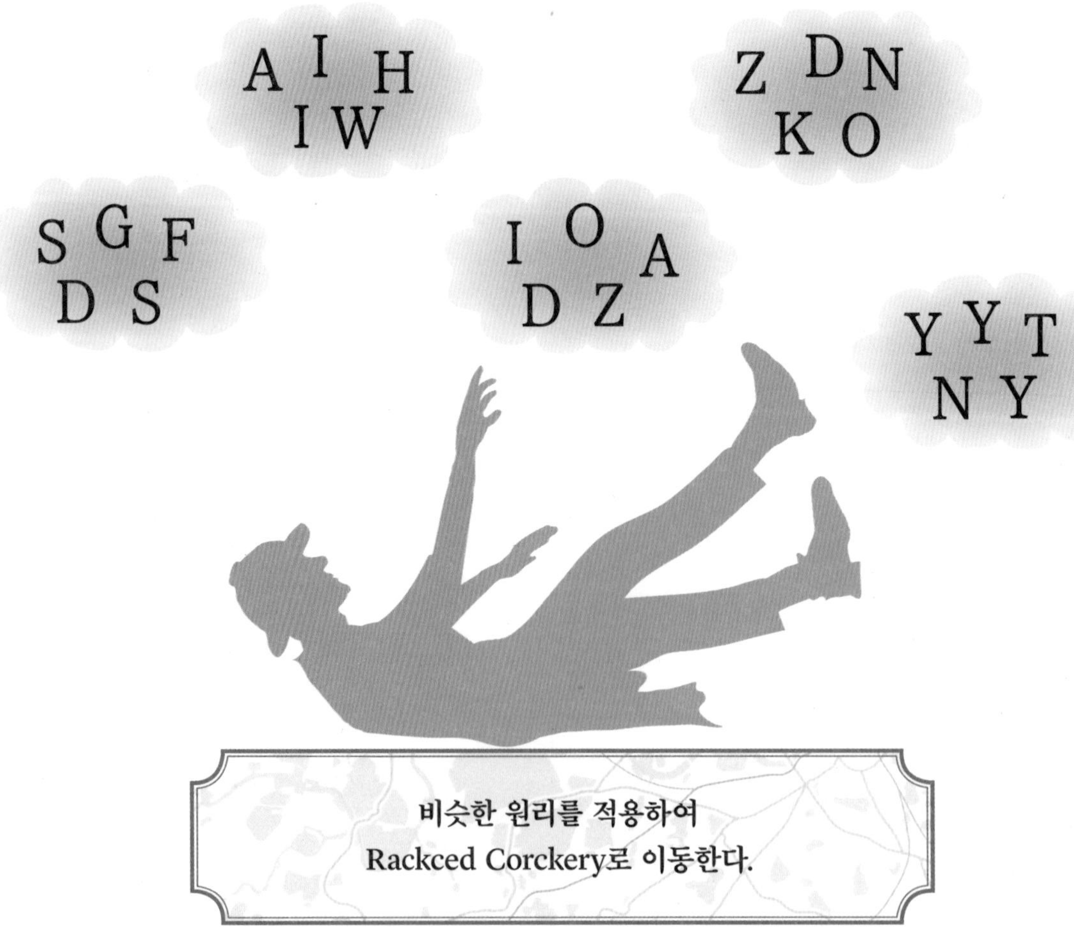

비슷한 원리를 적용하여
Rackced Corckery로 이동한다.

10

이 집에서 저 집으로

포레스터 경위는 범행 전날 살해된 마부의 동선을 계속 연구했다.

"마부가 오후의 한 시점에 이 마을의 네 집을 한 바퀴 돌았다는 사실을 알아냈습니다. 어느 한 집에서 출발하여 다른 집으로 걸어가고, 또 다른 집으로, 그리고 네 번째 집까지 걸어갔다가 처음 출발했던 집으로 돌아왔습니다. 그냥 지나친 집 없이 이렇게 했습니다." 경위가 홈즈에게 말한다.

"아주 좋아요. 그 사실만으로도 최소 열두 개의 동선을 찾을 수 있습니다. 작은 단서 하나라도 수사에는 도움이 됩니다." 홈즈가 대답한다.

발걸음을 되돌리지 않고, 네 집(출발하는 집과 도착하는 집 각각 하나의 집으로 계산함)을 지나는 열두 가지 동선을 찾으시오.

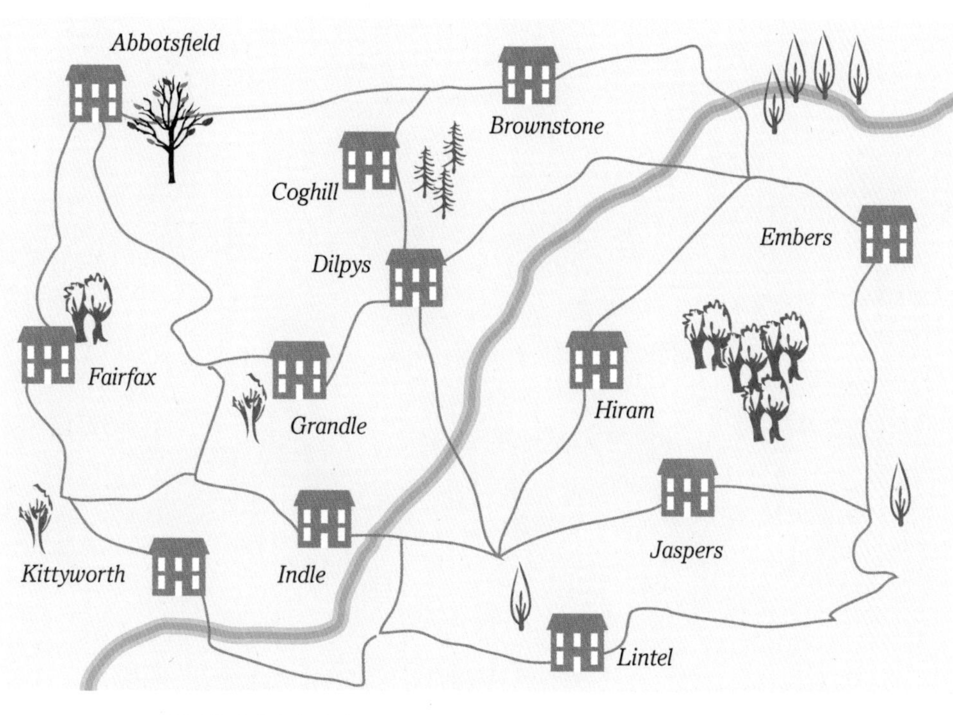

위의 지도에서
가장 남쪽에 있는 집과 같은 이름을 찾아가시오.

11
나무 블록

"도대체 어떻게 그 모든 것을 꿰뚫어볼 수 있었나요?" 액턴 씨가 셜록 홈즈의 설명에 감탄하며 묻는다.

"아, 사물을 정확하게 관찰하는 것뿐입니다." 유명한 탐정은 겸손하게 대답한다. "예를 들어 이 작은 나무 블록을 보세요." 그는 고풍스러운 나무 블록 세트의 일부를 집어 올리며 덧붙인다. "이 블록들은 모두 다르게 보일 수 있지만, 사실 사물을 어떻게 보는가의 문제입니다."

아래의 나무 블록 구조물은 총 몇 가지 종류인가?

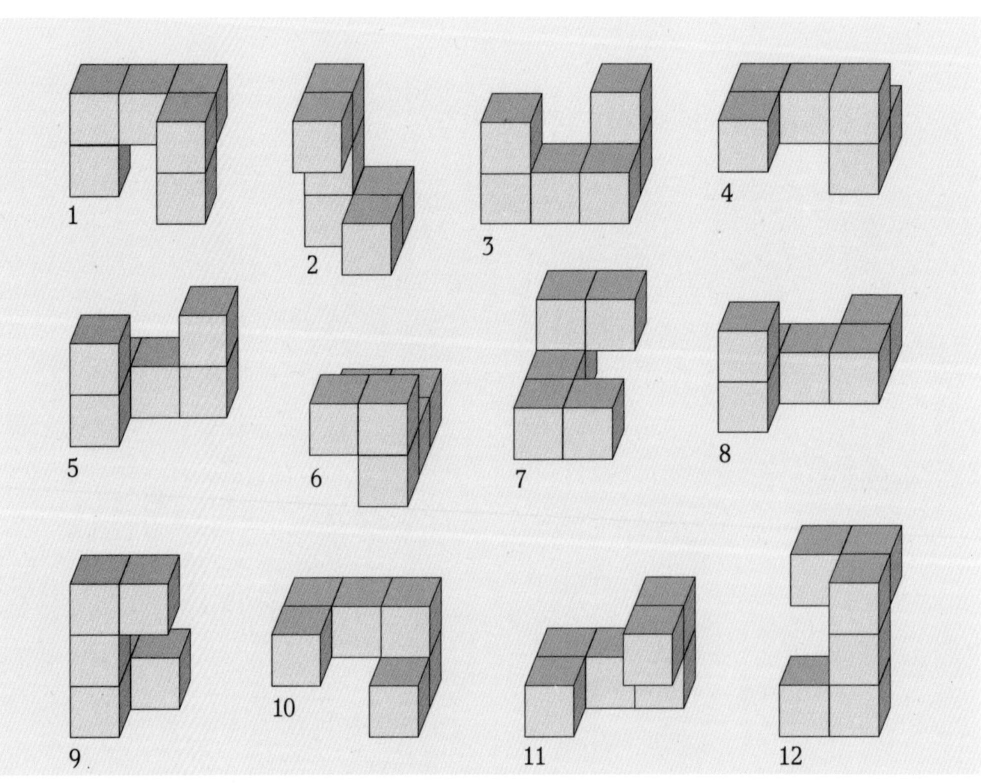

아무 블록 세트나 세 개를 골라
정육면체의 수를 더하고 그 수에서 1을 빼면
다음 목적지 번호가 나온다.

12
살인범!

홈즈, 왓슨, 그리고 그들을 초대한 집주인이 조용히 대화를 나누며 평화로운 시간을 보내고 있다. 그때 동네의 어느 한 집에서 마부로 일하는 카원이 살해되었다는 소식을 알리는 날카로운 외침이 들려온다.

한바탕 소동이 지나간 뒤 누군가가 "우리가 무슨 이야기를 하고 있었지?"라고 묻는다. 맙소사, 아래의 텍스트를 보고 홈즈가 아주 자세하게 설명하고 있던 사물이 무엇인지 알 수 있겠는가?

> "이 장치[illegible] 지 얼마 되지 않았지만, [illegible] 대부분의 가정에 보급될 것일세. 이 장치는 세 부분으로 [illegible] 있네. [illegible] 위에 세워두는 몸통이 있고 한쪽 옆에 [illegible] 손[illegible] 그리고 손으로 잡을 수 있는 두 부품이 있는데 [illegible] 하나에는 [illegible] 갖다 대어 들을 수 있다네. 이 장치를 이용하면 매우 멀리 떨어져 있는 사람들과도 [illegible] 나눌 수 있어."

MURDER!!!

MURDER!!!

MURDER!

MURDER!

지도에서 북동쪽으로 가면
다음 목적지가 나온다.

13

집의 구조

알렉 커닝엄이 윌리엄 카원의 총격 사건을 목격했다는 장소인 커닝엄의 집에 들어가기 전에 셜록 홈즈는 경위에게 집의 구조에 대해 설명해줄 것을 요청한다.

"음, 매우 평범한 구조입니다. 여기서 보이는 창문은 모두 방입니다. 예를 들어 저 창문 뒤는 아버지 커닝엄 씨의 방이에요. 서재 바로 위죠. 아들 알렉 커닝엄의 방은 저기 보이는 창문 뒤에 있어요. 바로 옆방은 개인 드레스 룸입니다. 그리고 커닝엄 씨의 하인의 방이 공부방 바로 오른쪽에 있어요. 하녀의 방은 당구장 위에 있고요. 대문으로 들어가면 큰 복도가 나오는데 왼쪽엔 응접실이 있고 오른쪽은 서재입니다." 경위가 말한다.

"그렇군요, 당구장과 드레스 룸이 바로 옆에 붙어 있는 게 조금 낯서네요."

셜록 홈즈는 즉시 집의 구조를 이해하고 어느 창문 뒤에 누구의 방이 있는지 파악한다. 여러분도 알겠는가?

지도에서 집을 관리하는 사람들을 찾아가시오.

14

깨진 접시

설록은 커닝엄 씨의 집을 방문하여 방을 둘러보는 중에 접시와 과일이 놓여 있는 낮은 테이블을 일부러 넘어뜨린다. 접시 두 장이 깨지고 과일이 사방으로 굴러간다. 이것은 눈치챈 사람 없이 빠져나가기 위해 일부러 세운 작전이다. 엉겁결에 이 사고의 잘못을 떠안은 왓슨은 조각들을 주워 모은다. 그는 접시 한 장의 조각들은 모두 찾았지만, 두 번째 접시의 마지막 조각은 아무리 찾아도 보이지 않는다.

아래에 깨진 조각들이 있고 깨진 접시와 똑같은 접시 두 장이 있다. 사라진 조각은 초록색 접시의 것인가 파란색 접시의 것인가?

지도에서 동쪽으로 쭉 가면
다음 목적지가 나온다.

15

종이쪽지

포레스터 경위는 살해된 마부의 손가락 사이에서 발견된 찢어진 종이쪽지를 홈즈에게 보여준다. 이 작은 종이쪽지에서 우리의 탐정은 예상하지 못했던 많은 정보를 끌어낸다.

아래 반으로 찢어진 종잇조각들에 단어들이 적혀 있다. 알맞은 짝을 찾아 20개의 단어를 완성하라. 한 단어를 제외하고 모든 의미들이 연관되어 있다. 자, 시작!

5

의미가 연관되지 않은 한 단어가 다음 목적지 이름의 일부이다.

16
양궁

범행 전날 알렉 커닝엄은 개인적으로 양궁 경기를 열었다. 셜록 홈즈가 그의 집을 조사하러 왔는데 화살들이 여전히 과녁에 꽂혀 있다.

"점수가 어떻게 나왔습니까?" 홈즈가 친근하게 묻는다.

"78점으로 최고 점수를 기록했지요." 커닝엄이 자랑스레 말한다. "집사가 63점을, 아버지가 56점을 받았습니다."

"윌리엄 카원은 몇 점을 받았나요?" 셜록이 살해당한 마부를 의도적으로 전면에 내세우며 묻는다.

"옆에 있는 것이 그의 과녁이에요. 직접 계산하실 수 있을 거예요." 커닝엄이 말한다.

셜록은 즉시 그렇게 한다.

마부의 점수는 몇 점이었는가? 각 구역마다 점수가 다른데, 공식 대회에서 통용되는 점수는 아니다.

1

다음 목적지 번호는
위 과녁에 있는 파란색 구역 점수의 절반이다.

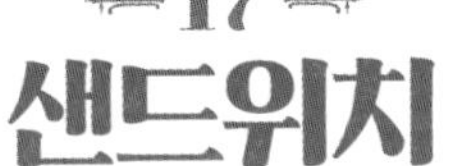

17 샌드위치

홈즈는 액턴 씨의 하인 중 한 명이 두툼한 빵 두 조각 사이에 있는 고깃덩어리를 허겁지겁 베어 무는 것을 보고 왓슨에게 농담을 건넨다. "저것이 요즘 '샌드위치'라는 것 아닌가."

"그렇다네!" 왓슨이 대답한다. "알다시피 같은 원리로 하는 단어 게임이 있지. 앞쪽의 첫 번째 단어는 위층 빵과 같고, 뒤쪽의 두 번째 단어는 아래층 빵과 같다네. 첫 번째 단어의 마지막 세 글자는 두 번째 단어의 첫 세 글자이고, 중간에 있는 단어들은 고기와 같아!"

이 샌드위치 개념에 따라 굵은 테두리의 사각형 자리에 세로로 읽히는 단어는 무엇인가?

	T	H	R				E	R	S	
R	A	M	P				I	C	L	E
J	A	V	E				O	C	U	T
M	A	J	E				L	I	S	H
A	C	R	Y				E	N	C	E
A	N	C	I				I	T	L	E
C	A	B	B				N	D	A	S

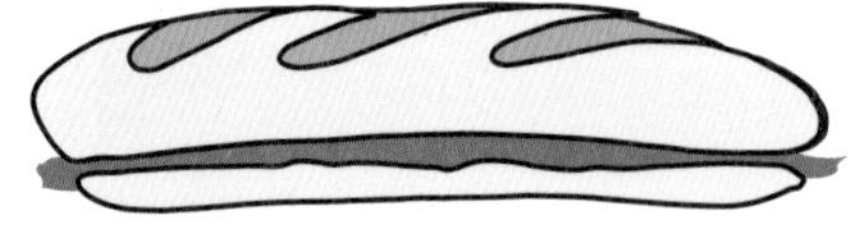

'할머니'의 뒷부분과 '젤다'의 앞부분 스펠링을 결합시키면 다음 목적지 이름이 나온다.

18

필적 증거

셜록 홈즈가 수사에 필적 분석을 도입한 것은 이번이 처음이 아니다. 한동안 이 분야를 파고들었고 자신의 실력을 테스트할 겸 사소한 사건을 해결할 때 적용했었다. 어느 한 사건에서 조지 펠로우즈라는 신사가 채무 확인서 쓴 것을 부인했다. “글씨체를 보세요! 제 글씨와 전혀 다르잖아요.”

홈즈가 이 사건을 맡았다. 그는 조지 펠로우즈와 다섯 명의 용의자들에게 서명을 해보라고 했고, 이 증거를 바탕으로 놀라운 결과를 도출했다. 누가 아래 쪽지를 썼다고 생각하는가?

George Fellows

Margaret Freize

Henry Markham-Sargent

Theresa Caltenborough

Adrian Buckley

Harold Shawnbush

I, the undersigned George Fellows, recognize that I owe three hundred and sixty-four pounds to Henry Markham-Sargent, who lent me the said sum on September the fourth eighteen eighty-four.

George Fellows

지도의 다음 목적지도 메시지와 관련이 있는데,
타이핑된 메시지이고 오타가 있다.

19

왓슨의 단어

사건이 모두 종결되자 셜록 홈스는 수사를 어떻게 진행했는지 밝히고, 자신의 병을 사건 해결의 도구로 사용한 적이 있음을 시인한다.

왓슨은 홈즈의 말을 들으며 곰곰이 생각하더니 이 작은 퍼즐을 발명한다. 아래 각 별의 중심에 한 글자를 추가하면 화살표 방향으로 읽히는 세 개의 단어가 완성된다. 그다음엔 이 다섯 글자가 모여 새로운 단어가 만들어질 것이다. 이 단어는 무엇인가?

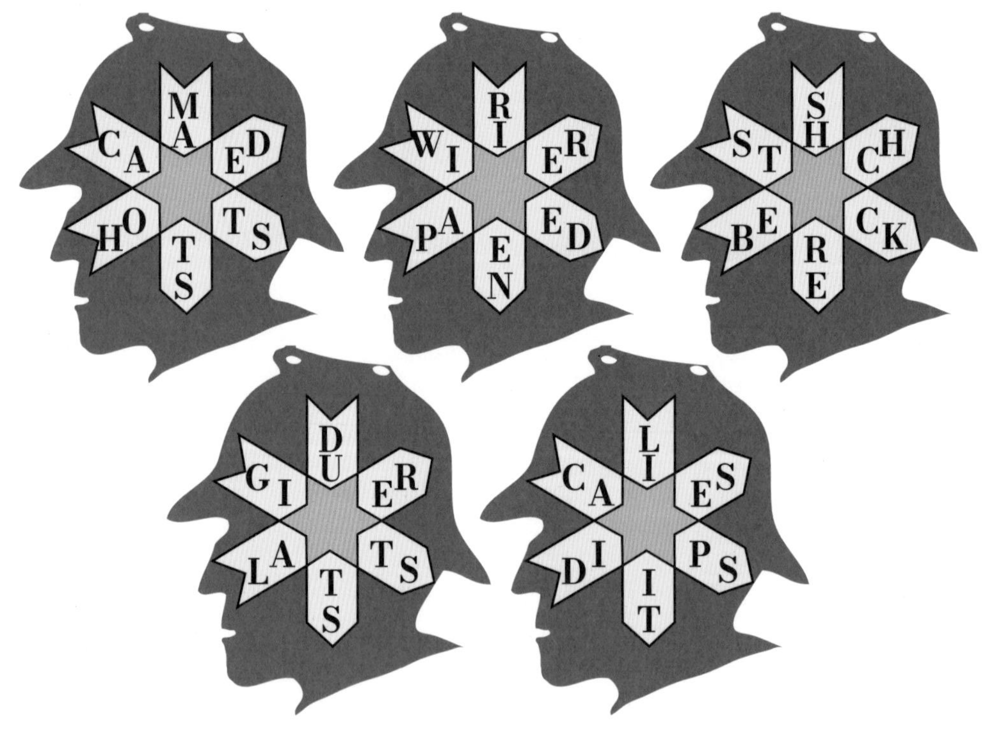

킹, 퀸, 비숍, 나이트로 하는 게임을 찾아가시오.

20
강도!

홈즈가 머물고 있는 곳에서 멀지 않은 집에 도둑이 들었다. 그런데 이상하게도 가져간 물건은 거의 없는 반면 모든 물건들을 이리저리 옮겨놓고 완전히 난장판을 만들었다. 셜록은 곧바로 도둑의 이 이상한 행동의 수수께끼를 풀려고 한다. 하지만 왓슨은 이곳에 휴양하러 왔다는 사실을 상기시키며 제동을 건다.

홈즈는 더 이상 관여할 수 없지만, 여러분은 도난당한 물건을 파악할 수 있을 것이다. 깔끔하게 정돈된 위의 물건 중 아래 더미에서 찾을 수 없는 것은 무엇인가?

도난당한 물건의 수에 4를 곱한 수를 찾아 이동한다.

21

오타

불행한 미부에게 전달된 쪽지를 놓고 홈즈는 필적을 분석하는 도전을 한다. 몇 년 뒤에는 타자로 친 편지를 놓고 분석하는 또 다른 도전을 하게 될 것이다. 이느 한 사건에서 그는 타이핑 실수가 믿을 수 없을 정도로 많은 편지 하나를 우연히 접하게 된다. 모든 단어에 잘못된 글자가 있을 정도이다.

그런데 이 오타에 어떤 체계성이 있다—암호가 숨어 있는 것이다!

아래 오타가 난 편지에 숨은 메시지는 무엇인가?

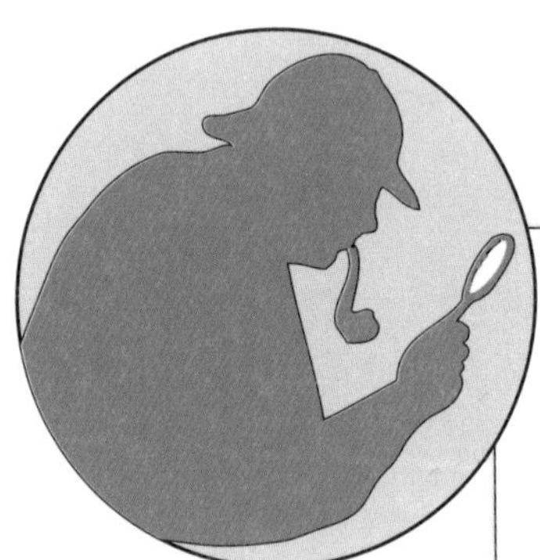

Deer Sin,

Coult ee arrrnge bo myet
somebhere clase co tke
sdation noxt weok?
R suggesk Seturday ay
twilve o'clonk.
World thet suid jou?
Sincarely yourr,

지도의 다음 목적지는 Mouse Plant이다.

22
미로

셜록 홈즈의 수사 결과에 만족한 액턴 씨는 탐정을 자신의 집으로 초대하여 정원에 짓고 있는 미로를 자랑스럽게 보여준다.

"이곳으로 들어와서 세 개의 출구 중 아무 곳으로나 나갈 수 있게 할 생각입니다."

"그렇게 하려면," 홈즈가 말한다. "블록 다섯 개를 제거해야 하겠군요."

어느 블록 다섯 개를 제거해야 왼쪽 상단 코너를 통해 미로에 진입한 사람이 나머지 세 코너에 있는 출구를 통해 나갈 수 있는가?

지도에서 동쪽으로 가면
다음 목적지가 나온다.

23
집사

수사를 진행하던 어느 날, 셜록 홈즈는 커닝엄 집에 정식으로 고용된 하인들과 가끔씩 와서 일하는 하인들 모두를 만나보겠다고 한다. 당시 대부분의 가정처럼 그 집에는 많은 하인들이 일하고 있다.

가정부housekeeper인 퍼디타 혼Perdita Horn은 이 유명한 탐정과 자원봉사자들에게 당시 함께 있었던 동료들을 소개하고 싶어 한다.

"우선 앤서니 메이슨Anthony Mason을 소개할게요. 그는 남자 하인manservant이며, 이 집의 하인들 중 저 다음으로 가장 중요한 사람입니다. 그리고 그의 아내, 에이다 메이슨Aida Mason은 하녀maid로 일합니다. 그리고 최근에 이 집에 들어온 시종footman이 있는데, 음, 아, 마누엘 폭스Manuel Fox라고 해요. 맞지요? 좋아요, 그리고 마지막으로 테리 포셔Terry Posher가 있는데, 그는…."

"제가 맞춰볼게요." 셜록 홈즈가 끼어든다. "이곳 사람들의 이름은 어떤 규칙을 따르는 것 같은데, 그 사람은 …입니다."

그 논리에 따르면 홈즈는 문장 끝에 어떤 말을 넣을 것인가?

steward 승무원?

valet 안내인?

porter 짐꾼?

gardener 정원사?

butler 집사?

지도에서 북쪽으로 쭉 가면
다음 목적지가 나온다.

24
체스 게임

라이기트의 수수께끼를 성공적으로 해결한 셜록 홈즈는 자신을 초대해준 집으로 조용히 돌아온다. 그리고 그곳에서 체스 게임에 몰두하며 두뇌 활동을 지속한다.

"이 체스 배치는 도대체 뭐지?" 흰색 퀸 *세 개*와 검은색 폰 열일곱 개를 보고 왓슨이 묻는다.

"특별한 홈즈 퍼즐이라네." 셜록이 장난기 어린 미소를 지으며 대답한다. "내가 살인범 두 명을 잡지 않았는가. 이제 퀸 세 개를 노리고 있다네! 자네, 모든 폰을 바로잡을 수 있도록 흰색 퀸 세 개를 체스판에 배치할 수 있는가?"

기억하라, 퀸은 다른 말이 몇 칸 떨어져 있든지 수평, 수직, 대각선 방향으로 나아가서 잡을 수 있다.

이번 모험의 종착지에 도착했다.
이제 셜록 챌린지에서 네 번째 숨겨진 단어를
찾을 수 있길 바란다.

그리스어 통역사

셜록 홈즈는 어떤 사건에서는 몸보다 머리를 많이 써서 사건을 풀어나가고, 또 어떤 사건에서는 적극적으로 행동하여 진실을 밝혀낸다. '그리스어 통역사의 모험'에서 우리의 탐정은 이야기 전개에 별다른 역할을 하지 않으며 들인 시간에 비해 사건의 진행 과정에 미치는 영향 또한 미미하다. 그럼에도 불구하고 이 작품은 코난 도일 독자들에게 늘 걸작으로 꼽힌다. 무심한 듯하지만 멋진 캐릭터, 홈즈의 형 마이크로프트가 등장하기 때문이다.

또한 제목이기도 한 통역사 멜라스 씨도 우리가 새로 만나게 되는데, 멜라스 씨는 홈즈와 비슷한 재능이 많고 특히 정보를 얻는 능력이 뛰어나다. 그가 납치되는 장면이 있는데 그는 납치범들 바로 앞에서 그들이 눈치채지 못하게 다른 인물로부터 정보를 얻어내는 데 성공한다. 숨은 정보를 끌어내는 기술, 이것이 퍼즐을 풀 때 얼마나 유용한지 여러분도 곧 알게 될 것이다.

서문에서 설명한 대로 122~123페이지 지도를 여행의 길잡이로 활용하라. 사건을 최종적으로 해결할 때까지 이야기 속의 낯선 장소를 다니고 기묘한 사건을 푸는 데 반드시 필요할 것이다.

124페이지의 첫 번째 퍼즐부터 풀어라. 다 풀면 아래쪽 상자에 있는 단서를 보고 지도의 다음 목적지를 알아낸다. 그곳에는 다음으로 풀어야 할 퍼즐의 번호가 적혀 있다. 이런 식으로 퍼즐과 지도를 계속 왔다 갔다 반복하면서 모험의 마지막 퍼즐까지 가보자.

즐거운 여행 하시길!

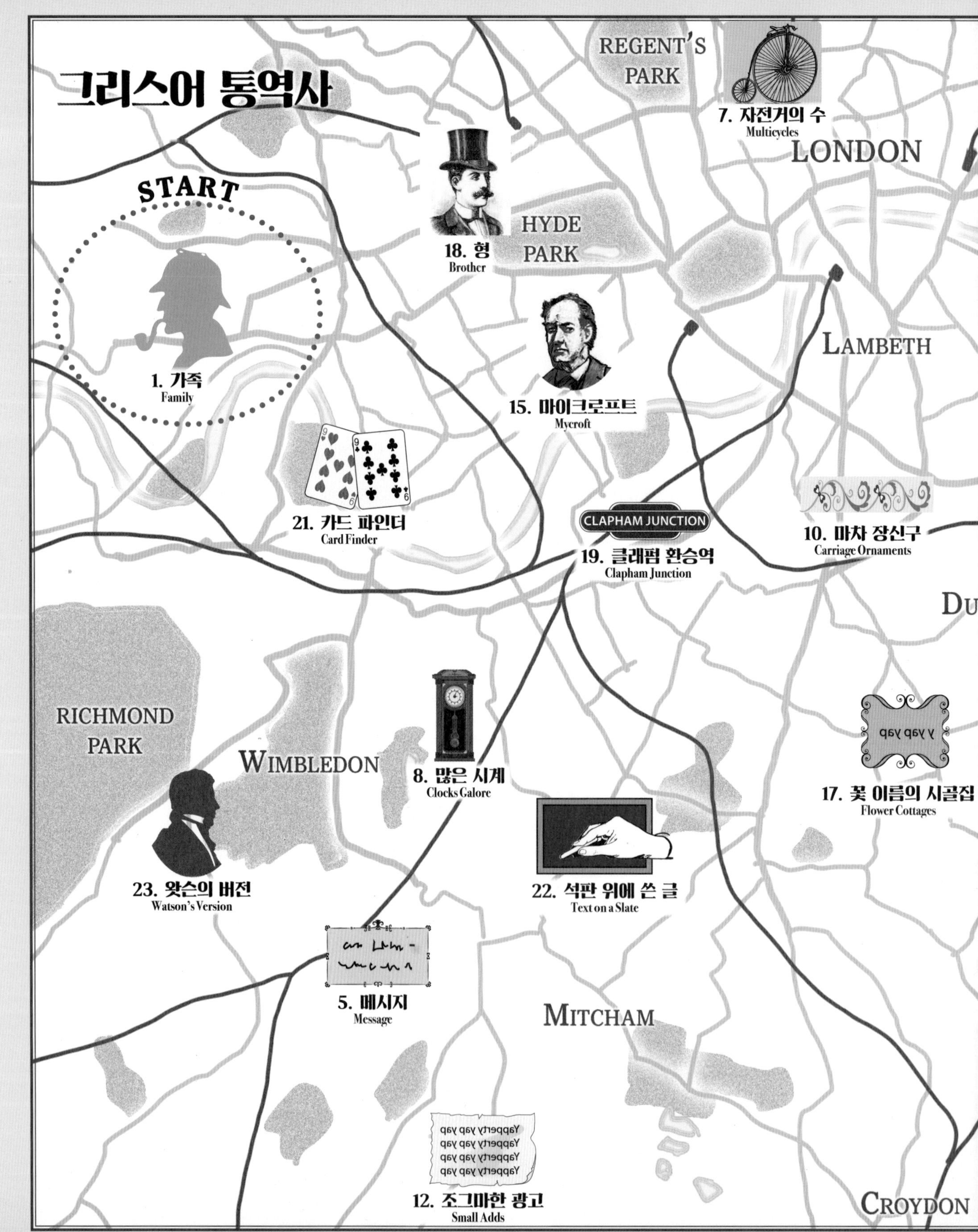
그리스어 통역사
START
1. 가족
Family
REGENT'S
PARK
7. 자전거의 수
Multicycles
LONDON
18. 형
Brother
HYDE
PARK
15. 마이크로프트
Mycroft
LAMBETH
21. 카드 파인더
Card Finder
CLAPHAM JUNCTION
19. 클래펌 환승역
Clapham Junction
10. 마차 장신구
Carriage Ornaments
RICHMOND
PARK
WIMBLEDON
8. 많은 시계
Clocks Galore
17. 꽃 이름의 시골집
Flower Cottages
23. 왓슨의 버전
Watson's Version
22. 석판 위에 쓴 글
Text on a Slate
5. 메시지
Message
MITCHAM
Yapperty yap yap
Yapperty yap yap
Yapperty yap yap
Yapperty yap yap
12. 조그마한 광고
Small Adds
CROYDON

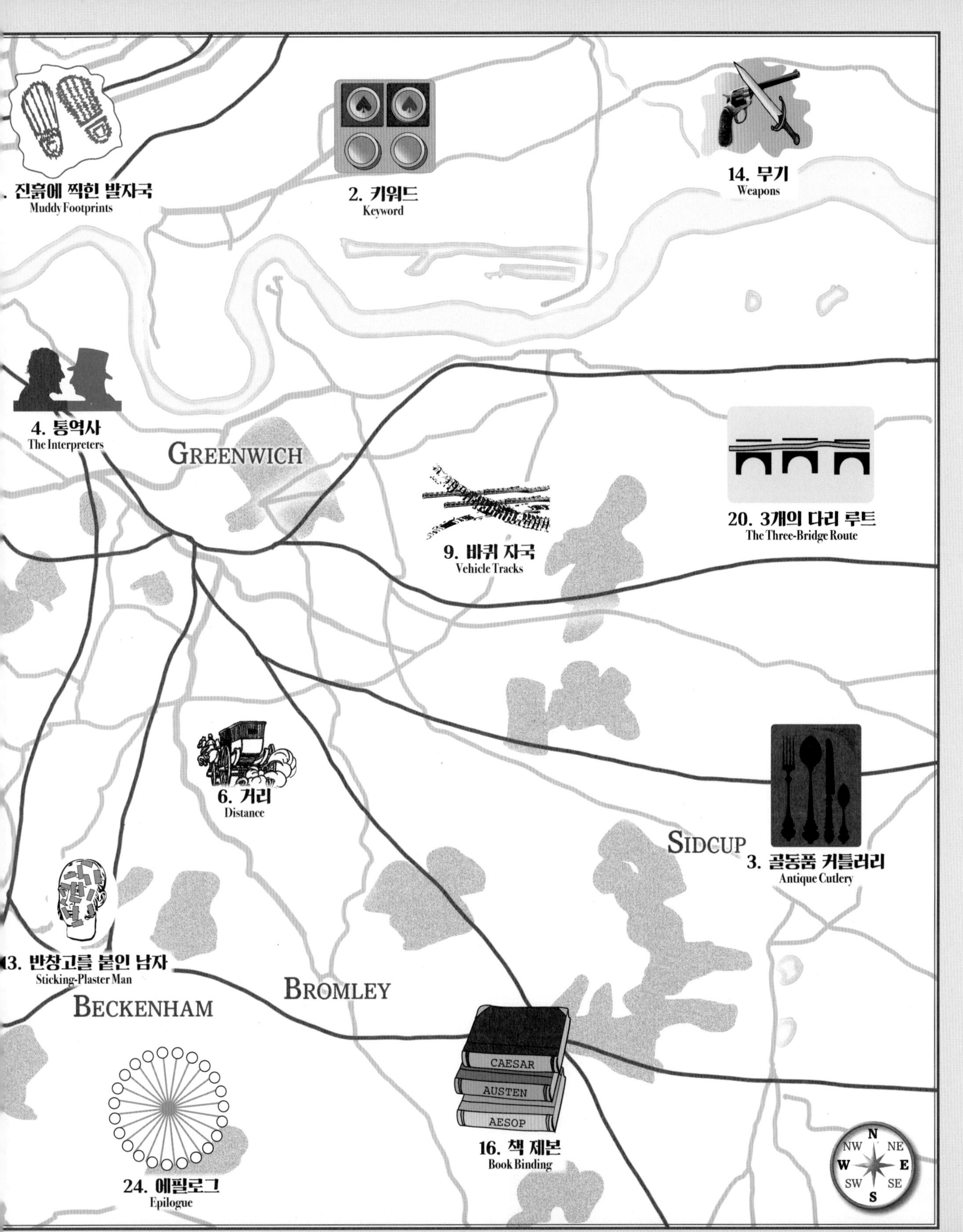

. 진흙에 찍힌 발자국
Muddy Footprints
2. 키워드
Keyword
14. 무기
Weapons
4. 통역사
The Interpreters
GREENWICH
20. 3개의 다리 루트
The Three-Bridge Route
9. 바퀴 자국
Vehicle Tracks
6. 거리
Distance
SIDCUP
3. 골동품 커틀러리
Antique Cutlery
13. 반창고를 붙인 남자
Sticking-Plaster Man
BROMLEY
BECKENHAM
CAESAR
AUSTEN
AESOP
16. 책 제본
Book Binding
24. 에필로그
Epilogue
N
NW
NE
W
E
SW
SE
S

1
가족

이 이야기의 시작에서 왓슨은 셜록 홈스에게 가족이 있나는 사실을 알게 된다. 고아일 거라고 추측했었는데 유명한 프랑스 화가의 일가친척인 할머니가 계시고 형도 있다.

새로 알게 된 가족을 기념하여 아래 그리드에서 가족과 관련된 단어를 모두 찾아보고자 한다. 대각선을 포함한 모든 방향에 있고 글자들이 겹쳐 있기도 하다.

ancestors 조상
aunt 이모
baby 아기
birth 출생
brood 종족
brother 형제
cast 배역
clan 문중
cozy 아늑한
daughter 딸
event 행사

family 가족
father 아버지
grandchildren 손주
grandfather 할아버지
grandmother 할머니
greatgrandfather 증조할아버지
greataunt 대고모
heirs 상속인

husband 남편
icon 우상
kids 어린이
kinsmen 친척
lineage 혈통
male 남성의
mother 어머니
name 이름

nephew 남조카
niece 여조카
offspring 자손
parent 부모
pedigree 가문
relation 관계
roots 뿌리
scions 자제

second 둘째
cousin 사촌
siblings 형제자매
sister 자매
sons 아들
strain 부담
team 팀
tribe 부족
twins 쌍둥이
uncle 삼촌
wife 아내
youngsters 청소년

F	G	R	A	N	D	M	O	T	H	E	R	E	T	N	E	R	A	P
A	S	R	I	E	H	E	S	P	E	D	I	G	R	E	E	B	D	N
M	T	O	E	M	L	N	I	E	C	E	C	A	S	T	S	O	E	O
I	R	O	N	A	L	C	S				O	E	T	N	O	R	S	F
L	A	T	M	N	T	R	T				N	N	O	R	D	D	T	F
Y	I	S	O	N	S	G	E				S	I	B	L	I	N	G	S
S	N	E	P	H	E	W	R				C	L	I	K	U	B	R	P
R	R	R	E	T	H	G	U	A	D	S	O	H	F	A	T	H	E	R
O	E					E	L	C	N	U	C	U					L	I
T	H					W	I	F	E	D	E	S					A	N
S	T					T	W	I	N	S	F	B					T	G
E	O	T	G	R	E	A	T	A	U	N	T	A	I	H	T	R	I	B
C	M	R	E	H	T	O	R	B	E	V	E	N	T	R	C	H	O	B
N	E	Y	O	U	N	G	S	T	E	R	S	D	R	H	T	O	N	A
A	T	E	A	M	N	I	S	U	O	C	D	N	O	C	E	S	Z	B
K	I	N	S	M	E	N	R	E	H	T	A	F	D	N	A	R	G	Y

어느 단어에도 들어가지 않은 글자들을 모으면
위 목록 중의 한 단어가 된다.
이 단어가 다음 목적지다.

2

키워드

설록 홈즈와 왓슨이 스코틀랜드 야드에 도착하자 그렉슨 경위가 불쾌한 기분으로 카운터 세트를 노려보고 있다.

"진절머리 나는 위조지폐범들입니다." 그가 혀를 찬다. "그들은 암호로 의사소통을 하는데 키워드가 뭔지 모르겠어요. 일단 이 카운터를 동그란 홈에 넣어야 한다는 것은 알겠어요. 여기 이렇게 써 있군요. '하나의 클럽은 두 개의 하트 사이에 있어야 함. 두 개의 스페이드가 나란히 있어야 함. 빨간색 카운터가 빨간색 홈으로 들어가면 안 됨. 초록색 하트는 스페이드 옆에 있지 않음.' 어떻게 맞추어야 됩니까?"

잠시 생각에 잠긴 셜록이 카운터를 적절히 배치해나가고 있는데 경위가 옆에서 투덜거린다.

"그게 아니에요. 뒤에 있는 글자가 보이도록 뒤집어야 합니다." 홈즈는 묵묵히 카운터를 뒤집는다.

"보세요!" 경위가 의기양양하게 말한다. "아무 의미도 아니잖아요!"

"이제 시작인걸요." 홈즈가 차분히 대답한다. "자, 첫 번째 글자는 알파벳 순서상 하나 뒤의 글자로 대체되고 두 번째 글자는 두 개 뒤의 글자로 대체되는 식이죠. 어떻습니까?"

홈즈가 옳다. 키워드는 무엇인가?

다음 목적지 이름의 아나그램은 SNOW PEA이다.

3

골동품 커틀러리

일단 그리스어 통역사가 안전한 곳으로 옮겨진 후 경찰은 납치범들이 어디로 도망쳤는지 단서를 찾기 위해 집 안팎을 수색한다. 그러던 중 가격이 붙어 있는 이 이상한 커틀러리 세트를 우연히 발견하게 된다. 이건 무슨 의미일까? 그 집 주인들이 골동품 거래와 모종의 관계가 있는 건가?

"가운데 세트에는 왜 가격이 붙어 있지 않는 거죠?" 경위의 보좌관이 궁금해한다.

"음, 커틀러리 세트마다 가격이 붙어 있으니 그 가격도 쉽게 알 수 있을 것 같군요." 홈즈가 말한다.

가격이 붙어 있지 않은 세트의 값은 얼마인가?

아래로 쭉 내려가서 살짝 왼쪽으로 가면 가장 가까운 목적지가 나온다.

4

통역사

멜라스 씨는 런던에서 매우 귀한 그리스어 통역사이다. 그리스어를 영어로 바로 통역할 수 있는 유일한 사람이기 때문이다. 다른 대안은 네 명의 다른 통역사(그리스어에서 언어 1로, 그다음 언어 1에서 언어 2로 등)를 통하는 것뿐이라고 홈즈가 말한다.

딱 네 명의 통역사로 구성된 연결고리를 만드는 것도 쉽지 않다. 아래 통역사들을 어떻게 연결 지을 것인가?

다음 목적지를 다른 말로 표현하면 차량 장식이다.

5
메시지

셜록 홈즈는 이 사건을 심각하게 인식하고 가능한 한 많은 정보를 수집하기 위해 그가 가지고 있는 모든 연락처를 활용한다. 이렇게 하여 그리스 영사도 홈즈로부터 이 이상한 종잇조각들을 받게 된다. 그는 유명한 지인인 셜록 홈즈가 보냈다는 것을 재빨리 알아차리고, 아래 첨부된 그리드에 올바른 순서로 끼워 맞춘다.

셜록 홈즈가 보낸 메시지의 내용은 무엇인가? (주소를 알면 도움이 된다!)

가장 가까운 장소가 나올 때까지
북서쪽으로 가시오.

6
거리

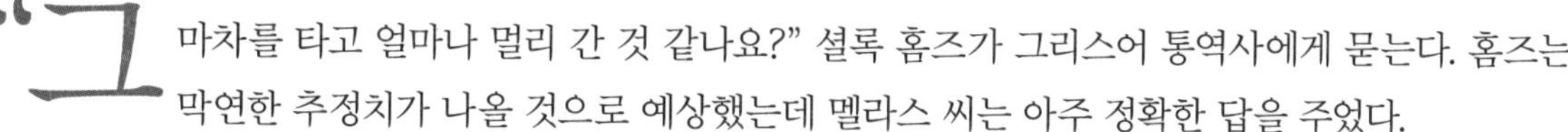

"그 마차를 타고 얼마나 멀리 간 것 같나요?" 셜록 홈즈가 그리스어 통역사에게 묻는다. 홈즈는 막연한 추정치가 나올 것으로 예상했는데 멜라스 씨는 아주 정확한 답을 주었다.

"어떻게 그렇게 자세한 거리를 계산했습니까?" 홈즈는 믿기지 않는다는 듯 묻는다.

"글쎄요, 마차에 올라서면서 큰 바퀴의 꼭대기가 제 팔꿈치에 닿는 것을 보았지요. 그 말은 바퀴의 높이가 1.5야드이고 둘레가 4.7야드라는 뜻입니다. 한참을 달리던 중 이 바퀴가 맨 위에 있는 흙받이를 지날 때마다 딸깍 소리를 낸다는 것을 알았습니다. 직관적으로 시간을 재보니 1분에 56번 딸깍 소리가 났습니다. 출발 시각은 7시 15분이었고 도착했을 때 시계를 보니 9시 10분 전이었습니다. 1마일이 1,760야드라는 것은 이미 알고 있으니, 계산이 가능했습니다."

셜록은 이 꼼꼼한 남자의 말에 빠져들어 자신도 같은 계산을 해본다. 역시 그도 같은 답이 나온다.

마차가 간 거리는 얼마인가? (어려운 학교 숙제를 푸는 것 같아 부담스럽다면 아래 상자로 바로 점프해도 된다!)

다음 목적지는 13번으로 직행한다.

7

자전거의 수

마이크로프트는 수에 대한 감각이 탁월하여 가끔 독특한 방식으로 자신의 능력을 표현한다. 일례로 근처 자전거 가게의 재고량에 대한 이야기가 나오면 이렇게 말한다. "젠킨스네 가게 자전거는 모두 한발자전거지, 24개 바퀴만 제외한다면. 또 젠킨스네 가게 자전거는 모두 두발자전거야, 24개 바퀴만 제외한다면. 그리고 젠킨스네 가게 자전거는 모두 세발자전거이기도 해, 24개 바퀴만 제외하면."

셜록은 이런 종류의 추리를 평생 들어왔기 때문에 바로 이해하지만 왓슨은 도통 이해가 안 간다.

여러분은 어떤가? 젠킨스네 가게에는 몇 대의 한발자전거, 두발자전거, 세발자전거가 있는가?

한발자전거 수에서 1을 뺀 수가
다음 목적지 번호이다.

8

많은 시계

멜라스 씨는 납치범들에게 풀려난 후 그들의 협박에도 불구하고 곧장 경찰관에게 사건을 신고한다. 구금되었던 방에 커다란 시계가 있었다는 말을 꺼내자 경찰관은 갑자기 주의를 집중한다. 그 지역에서 세력을 떨치고 있는 갱단을 잡기 위한 단서가 되지 않을까 기대하는 것이다.

"시계가 어떻게 생겼습니까? 이 중 비슷한 게 있나요?" 경찰관이 묻는다.

멜라스 씨는 시계 사진을 건네받고 자세히 살펴본다.

"음…. 진자가 없는 저 시계는 아니었어요. 제가 본 것은 둥근 진자가 있었고, 추는 보이지 않았어요. 다른 시계들과 시각이 다른 저 시계도 아니었고, 이 시계처럼 작은 발이 있지 않았어요. 위에 제조사 이름이 적혀 있지 않았고, 숫자판에는 숫자가 적혀 있지 않았어요. 이 중 가장 키가 큰 것도 아니었고, 가장 작은 것도 아니었습니다."

결국 하나만 남는다. 어느 것인가?

8

24시간 시계에서의 1697시간을
전통방식 시계에 적용해볼 때
시침이 가리키는 수가 다음 목적지 번호이다.

9

바퀴 자국

셜록과 동료들이 미들스에 있는 시골집에 도착했는데 집 안에 아무도 없어 보인다. 진흙 진입로에 여러 바퀴자국이 나 있는 것으로 보아 사람들이 서둘러 떠난 것 같다. 홈즈는 이 바퀴자국이 가벼운 마차, 무거운 마차, 손수레, 카트 및 자전거임을 쉽게 알아본다.

모인 사람들 역시 어느 자국인지 잘 추론해내지만 다섯 명 중 한 명이 실수를 한다. 이 바퀴자국들이 만들어진 순서는 어떻게 될까?

- 셜록 홈즈: 가벼운 마차가 지나간 후 세 개의 바퀴자국이 만들어졌다.
- 왓슨: 카트가 손수레 뒤에 지나갔다.
- 그렉슨 경위: 가벼운 마차는 무거운 마차와 손수레 뒤에 지나갔다.
- 마이크로프트: 자전거는 손수레보다 앞서 지나갔다.
- 경찰 보좌관 배리: 무거운 마차의 바퀴자국이 분명히 마지막이었다.

오래전 사용된 나이프와 포크가 있는 곳으로 이동하시오.

10

마차 장신구

불쌍한 그리스어 통역사는 마차에 갇혀 있었다. 창문은 종이로 가려져 있었고 무시무시한 곤봉으로 무장한 위협적인 감시자가 앉아 있었다. 운행은 거의 두 시간 동안 계속되었고, 통역사는 두려움을 쫓기 위해 다른 생각을 했다.

"무슨 생각을 하고 있었나요?" 홈즈가 조용하고 침착한 그 남자에게 이끌려서 묻는다.

"눈에 보이는 모든 것을 다섯 부분으로 나누었어요!" 예상치 못한 답이 돌아온다.

마차는 장식용 띠로 둘러져 있는데 멜라스 씨는 각 띠를 일관성 있게 다섯 부분으로 나누는 방법을 찾은 것이다. 여러분도 할 수 있겠는가?

다음 목적지의 사전적 정의는
'두 장소 또는 사물 사이에 있는 공간의 정도'이다.

진흙에 찍힌 발자국

마이크로프트와 셜록은 지극히 평범해 보이는 발자국으로부터 얼마나 많은 정보를 끌어낼 수 있는지 경쟁하는 것을 즐긴다. 여기 그들이 잘 아는 한 무리 소년들의 발자국이 있고, 그 둘은 각 발자국이 누구의 것인지 맞추는 게임을 한다.

모든 발자국은 한 쌍을 이룬다. 왼쪽 발자국에는 이름의 앞부분이 쓰여 있고 오른쪽 발자국에는 이름의 뒷부분이 쓰여 있다. 발자국 한 개는 짝이 없다.

"자 그럼, 발자국을 하나만 남긴 소년의 이름은 무엇이지?"라고 말하며 셜록이 마무리하는 질문을 던진다.

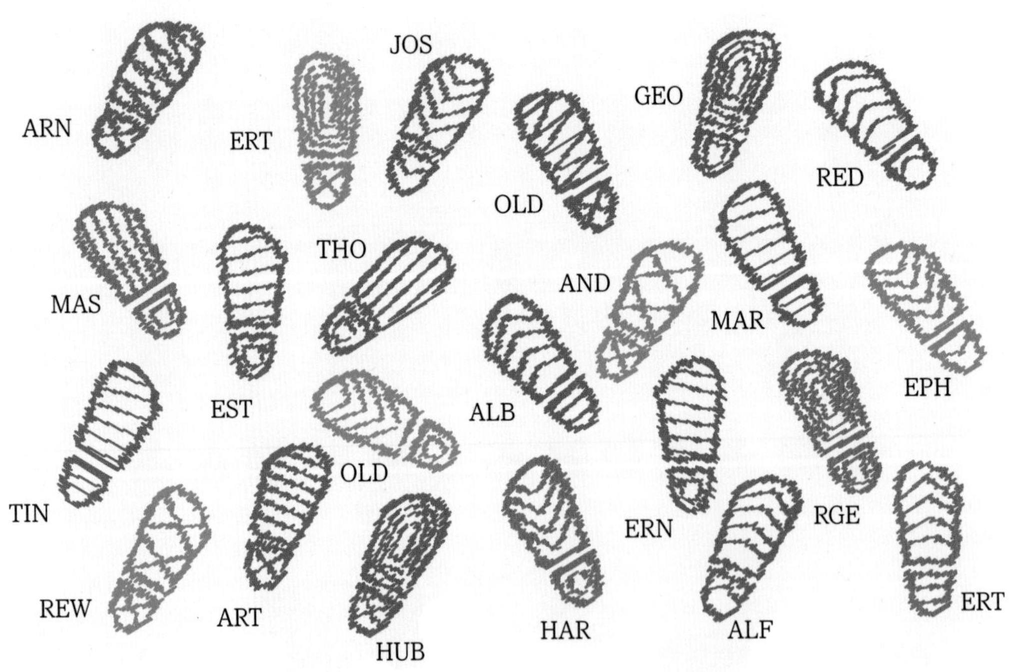

지도의 남쪽으로 가면
그리 멀지 않은 곳에 다음 목적지가 있다.

12
조그마한 광고

마이크로프트와 그리스어 통역사는 거의 모든 일간지에 정보를 제공해달라는 광고를 게재함으로써 수사에 더욱 박차를 가했다. 그들은 몇 가지 응답을 받았다.

왓슨은 "이 조그마한 광고의 문제점은 아무리 바보 같은 사람이라도 응답할 수 있고, 실제로 많은 사람들이 그렇게 한다는 것이라네. 또는 직설적으로 대답할 줄 모르는 사람들도 응답을 한다는 것일세. 예를 들어 이것 좀 보게나." 박사가 홈즈에게 너덜너덜한 종이 한 장을 건넨다.

"점선 자리에 하나의 숫자가 와야 한다고 생각할 거야. 하지만 네 개… 아니 다섯 개의 답이 가능하지."

가능한 답을 세 개 이상 찾으시오.

당신이 찾고 있는 사람은
랜섬 로드에 있는 집에 살고 있다.
그 집 번호보다 앞서 오는 …채의 집 번호들을
더하면 총 21이 될 것이다.

10 앞에 오는 두 숫자의 합이
다음 목적지 번호이다.

—13—

반창고를 붙인 남자

그리스어 통역사는 얼굴에 반창고가 붙은 가엾은 남자에게 질문을 해야 했다. 반창고를 붙여 알아볼 수 없게 만드는 것이 납치범들의 목적이었다.

통역사는 예술 부서 경찰들과 협력하여 반창고를 붙인 남자와 가장 비슷한 초상화를 찾아야 한다. 셜록도 보고 있지만 딴생각에 빠져 있다.

아래의 초상화 중 8번 얼굴과 가장 비슷한 것은 무엇인가?

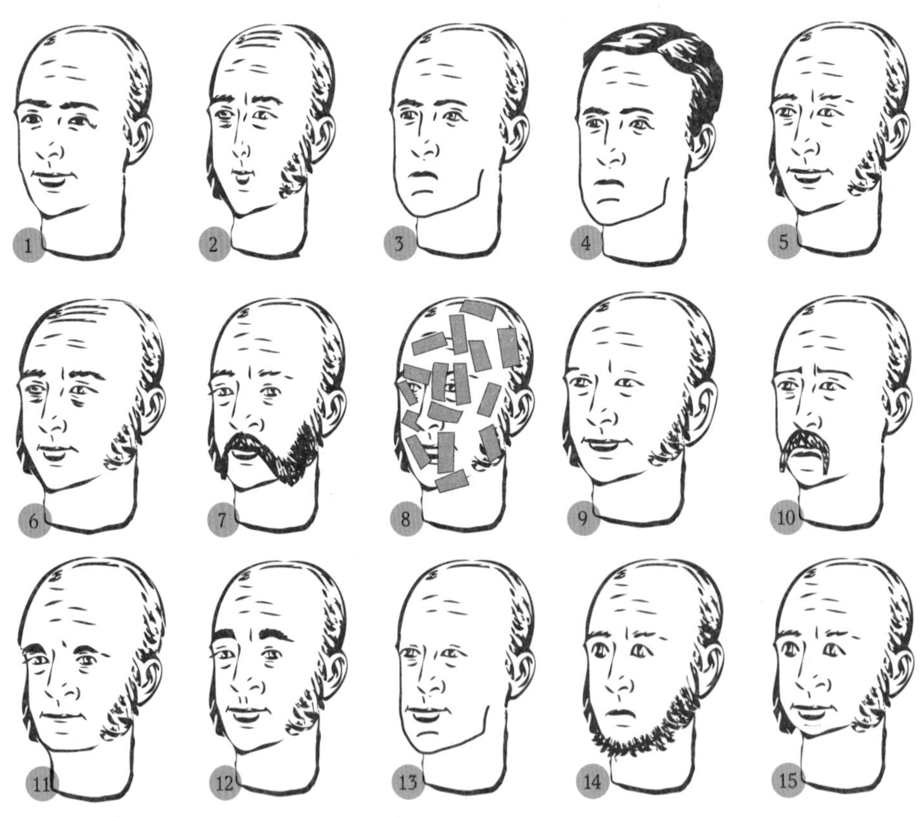

선택한 얼굴 번호에 4를 곱하고 2를 더하면 다음 목적지 번호가 나온다.

14

무기

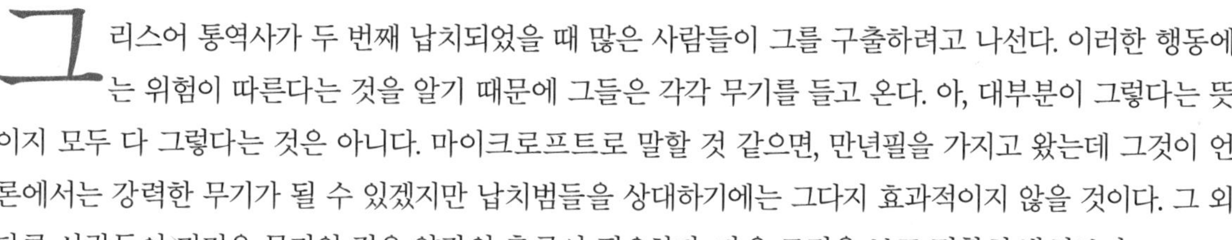

그리스어 통역사가 두 번째 납치되었을 때 많은 사람들이 그를 구출하려고 나선다. 이러한 행동에는 위험이 따른다는 것을 알기 때문에 그들은 각각 무기를 들고 온다. 아, 대부분이 그렇다는 뜻이지 모두 다 그렇다는 것은 아니다. 마이크로프트로 말할 것 같으면, 만년필을 가지고 왔는데 그것이 언론에서는 강력한 무기가 될 수 있겠지만 납치범들을 상대하기에는 그다지 효과적이지 않을 것이다. 그 외 다른 사람들이 가져온 무기의 경우 약간의 추론이 필요하다. 다음 조건을 보고 명확히 밝혀보자.

- 만약 홈즈가 잭나이프를 가지고 온다면, 조사관의 조수인 배리는 권총을 가지고 있다.
- 만약 왓슨이 단검을 가지고 온다면, 배리는 곤봉을 가지고 있다.
- 만약 그렉슨 경위가 단검을 가지고 온다면, 잭나이프를 가지고 있는 사람은 왓슨이다.
- 잭나이프를 가져오는 사람이 홈즈가 아니라면, 왓슨은 단검을 가져온다.

누가 어떤 무기를 가져오는가?

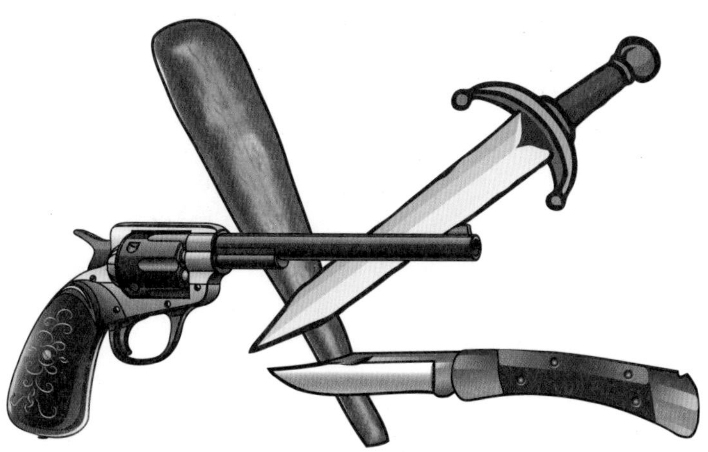

세 개가 있고, 당신은 그 위로도 아래로도 갈 수 있다.
일단 지도에서 찾아가 보자.

15

마이크로프트

셜록 홈스는 친구에게 자신의 형의 무심한 성격을 설명하고 그에 대해 이렇게 말한다. 단어 조각을 올바른 순서로 배열하여 셜록이 형을 묘사하는 문장을 만드시오.

trouble to

Mycroft

be considered

rather

prove

wrong than

would

himself right

take the

마이크로프트는 자신이 옳다는 것을 증명하기 위한 수고를 치르는 것보다 차라리 틀린 것으로 간주되는 편을 택한다.

마이크로프트를 묘사하는 문장 중
끝에서 두 번째 단어의 글자 수를 세어본다.
그것이 다음 목적지 번호이다.

16
책 제본

"그 책을 보았는가?" 머틀스 시골집에서의 중재가 끝나고 집으로 돌아오는 길에 홈즈가 왓슨에게 묻는다.

"아니, 무슨 책 말인가?" 왓슨이 묻는다.

"계단 꼭대기 선반에 책들이 있었는데 몹시 지저분했다네. 그중 한 권은 제본이 엉뚱하게 되어 있었지!"

왓슨은 놀라며 친구를 쳐다본다. "멜라스 씨를 구하려고 계단을 그렇게 급히 올라갔는데 책들을 볼 여유가 있었다는 말인가?"

"그럼, 눈에 확 띄었어. 정말로!" 홈즈가 단언한다.

아래에서 홈즈가 말하는 책은 무엇인가?

다음 목적지 이름은
결론이나 마무리 생각을 뜻한다.

17
꽃 이름의 시골집

신문 광고에 대한 응답이 도착했는데 셜록 홈스는 그것이 믿을 만하다고 확신한다. 얼굴에 반창고를 붙인 남성이 포로로 잡혀 있는 곳이 베커넘에 있는 머틀스라는 시골집이라는 내용이다.

시골집들은 종종 꽃의 이름을 따서 붙이는데, 아래는 그중 몇 가지 사례이다. 각 그룹 내에서 글자들을 재배열하면 꽃의 이름을 만들 수 있고, 각 꽃 이름의 첫 글자들을 재배열하면 또 다른 꽃 이름을 만들 수 있다. 근처에 있는 시골집의 이름이기도 한 이 마지막 꽃의 이름은 무엇일까?

멀리 떨어져 있는 키워드를 찾아가시오.

18

형

셜록은 왓슨에게 형이 있다고 말하고 소개시켜주기 위해 디오게네스 클럽으로 데려간다. 잠시 후 셜록과 왓슨은 매우 특별한 클럽에 도착했고, 그곳의 조용한 분위기 속에서 왓슨은 마이크로프트 홈즈를 처음 보게 된다. 그곳에는 여섯 명의 신사가 있는데 이들은 서로에게 관심을 가지지 않는다.

"누가 자네 형인가?" 왓슨이 속삭인다.

"오른쪽에 타드데우스를, 왼쪽에 오베디아를 둔 사람이야." 셜록이 목소리를 낮추어 대답한다.

"모두들 어디 있는 건데?" 왓슨이 다시 속삭인다.

"오베디아와 바톨로뮤 사이에는 두 사람이 있지. 에녹은 루벤의 오른쪽에 있지 않지만 마이크로프트와 바톨로뮤보다 오른쪽 더 먼 곳에 있어."

"아." 왓슨이 가까스로 형을 발견하며 안도의 한숨을 내쉰다.

마이크로프트는 어디에 있는가?

남서쪽으로 짧은 거리를 이동하여
다음 목적지로 가시오.

19
클래펌 환승역

그리스어 통역사는 납치범들에 의해 어딘지 모를 곳에 버려졌다. 잠시 걷다 보니 클래펌 환승역 CLAPHAM JUNCTION이라는 표지판이 보였다.

P의 일부가 덤불에 가려서 두 개의 음절, CLA와 HAM만 보였다.

"그러니까 돌아오는 길에," 멜라스 씨가 셜록 홈즈에게 설명한다. "그 음절이 들어간 단어가 있는지 찾아보았습니다."

아래의 각 단어마다 세 개의 글자를 CLA 또는 HAM으로 덮으면 새로운 단어가 만들어진다. 새로운 단어들을 찾으시오.

CLA	HAM
M O N S T E R	H O R R I F Y
D E N T U R E	B U L L E T S
F A R M E R S	C A L I B E R
G R O W I N G	S T I N G E R
S T U B B L E	E L I X I R S

다음 목적지 이름을 보면
우렁차게 째깍거리는 소리가 떠오를 것이다.

—20—

3개의 다리 루트

그리스어 통역사가 포로로 잡혀 있는 것으로 추정되는 집은 시골 외딴곳에 위치한다. 셜록과 일행은 그 지역 경찰에게 그곳에 가는 방법을 묻는다.

"그렇게 멀지는 않습니다. 하지만 홍수가 난 바람에 안전하게 건널 수 있는 다리는 세 개뿐입니다. 다리 위로 가든 아래로 가든 그건 상관없습니다."

세 개의 다리를 지나는 경로를 찾으시오!

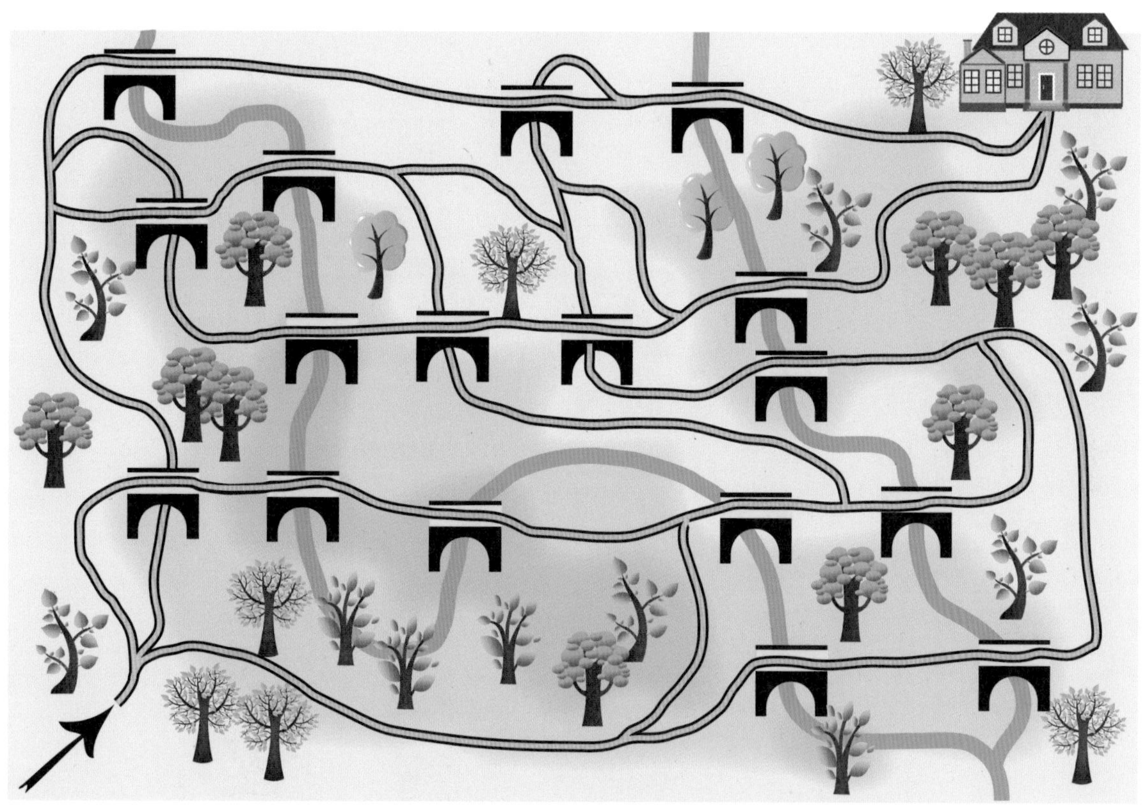

선택한 다리 수에 3을 곱한 수가 다음 목적지 번호이다.

21

카드 파인더

디오게네스 클럽에서 마이크로프트는 카드 게임 구상에 심취해 있다. 모든 카드에 적용되면서 하나의 정답이 나오는 질문을 생각해내는 것으로 매우 홈지언적인 도전이다.

이번 경우에서는 다음과 같은 질문을 만들어낸다. 어떤 카드가 다른 세 카드와 같은 모양과 숫자를 가지고 있으면서 더도 덜도 아닌 딱 다른 세 장과 같은 카드 더미에서 나온 것인가? 바로 밑에 있는 카드의 뒷면 색으로 구별이 가능한 네 가지 색상의 카드 더미(빨간색, 초록색, 파란색, 회색)가 있다.

마이크로프트의 카드는 어떤 것인가?

이번 문제의 주인공이 다음 목적지 이름이기도 하다.

22

석판 위에 쓴 글

그리스어 통역사는 셜록 홈즈에게 자신이 겪은 일을 전달하면서 무방비 상태의 한 가엾은 남자를 심문해야 했던 상황을 설명한다. 납치범들은 매우 수상해 보였고 석판에 글을 써서 대답하는 것만 허용했다. 그러나 그 가엾은 사람은 자기가 그리스어로 쓴 내용을 통역사만 이해할 수 있다는 것을 곧바로 눈치채고 이를 비밀 정보를 전달할 기회로 삼았다.

아래는 그 남자의 대답 중 하나를 영어로 바꾼 것이다. 여기에는 숨은 메시지가 있는데 무엇일까?

No aount of miser ca
mke e agre to ther
devilih lans. Whtever they
make me sffer, I shal
resist, nowing pefectly
well tht hey are ruthless
indivduals an that thy
may lay me.

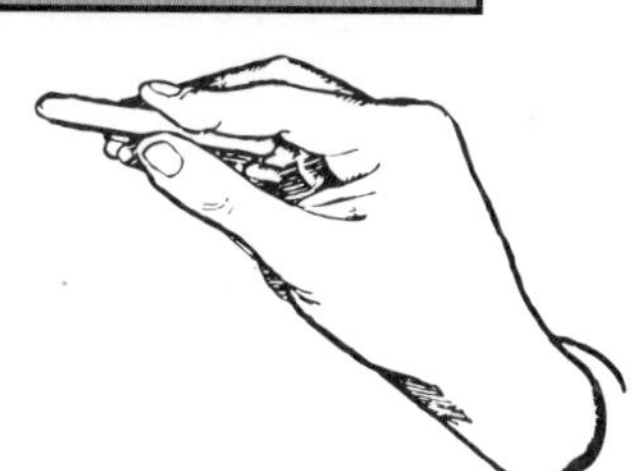

위와 같은 원리로, 아래의 문장에서 다음 목적지를 찾을 수 있다: .obody .s .egotiating, not .ven .he .xtremely .nvious .oblemen.

23

왓슨의 버전

"왓슨, 이 단계에서는 그 상황을 어떻게 요약하겠나?" 셜록 홈즈가 친구에게 묻는다. 왓슨은 생각을 하며 말하지만, 대답이 뒤죽박죽으로 나온다. 다음 구절들을 올바르게 정리하여 일관성 있는 이야기를 만들어보자.

해롤드라는 이 남자가 달아나자고 설득한다.

통역사가 필요했고 멜라스 씨를 선택한 것이다.

그리스에서, 즉시 걸려든다.

자기들에게 넘기겠다는 내용의 서류에 서명하라고 한다.

그와 협상하기 위해서

그 청년과 일당의 술수에

소피라는 한 그리스 소녀가 영국을 방문하는데,

소녀의 재산을. 그가 거절하자

그들은 폭력을 써서

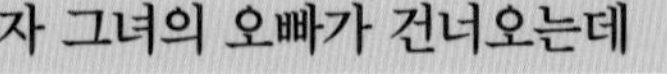

자기와 함께. 그러자 그녀의 오빠가 건너오는데

다음 문장을 올바른 순서로 배열하고 지도에서 해당하는 곳으로 이동하시오. The next of your multiplied is destination two number by six.

24

에필로그

몇 달 뒤 셜록 홈즈는 그리스어 통역사의 비극적인 사건을 회상하면서 그의 연구를 하고 있었는데, 우연히 이 사건을 정확하게 짚은 신문 기사를 접하게 된다. 그 당시 두 명의 영국인이 헝가리에서 흉기에 찔려 숨진 채 발견되었다는 것이다. 그들과 동행한 그리스 여성은 그들이 말싸움을 벌이다가 서로에게 치명상을 입혔다고 경찰에게 설명했다.

이 사건에 대한 셜록의 견해는 아래에서 확인할 수 있다. 이것을 읽으려면 첫 번째 글자를 찾은 후 세 글자를 규칙적으로 건너뛰어야 한다. 시계 방향과 반시계 방향 중 어느 쪽으로 읽을지는 여러분에게 맡긴다.

이것으로 이번 챕터를 마무리 짓겠다.
셜록 챌린지에서
다섯 번째 숨겨진 단어를 찾게 되길 바란다.

CHAPTER 6

브루스-파팅턴호 설계도

'브루스-파팅턴호 설계도의 모험'은 도난당한 군사 기밀, 국제 요원, 살인, 배신 등으로 점철된 현대 스파이 소설의 효시라고 할 수 있다. 동시에 안개 자욱한 런던의 멋진 분위기에서 펼쳐지는 모험이기도 하다. 평상시 잘 보이는 사물을 흐릿하게 만들고 신비로운 분위기를 자아내는 런던의 안개는 이 소설에서 결정적인 역할을 한다.

셜록 홈즈는 명백한 사실에도 의문을 제기하고 때로는 가능성이 없어 보이는 것이 유일한 해결 방법이라는 것을 깨닫는 등 이번 모험에서도 최선을 다한다. 또한 이번 이야기에는 몸집이 크고 무심해 보이지만 매력이 넘치는 캐릭터 마이크로프트 홈즈가 다시 등장한다. 정부에서 하는 그의 일이 이전에 묘사되었던 것보다 훨씬 더 중요하다는 것도 밝혀진다. 그는 나라에서 극비로 보관 중이었다가 도난당한 잠수함 설계도가 외국 스파이들의 손에 넘어가는 것을 막아야 하는 막중한 책임을 지고 있다. 그래도 명석한 동생의 도움을 받을 수 있어 천만다행이다.

셜록 홈즈의 높은 기준을 충족시킬 만한 지혜를 동원하여 다음 퍼즐을 모두 풀어보자.

서문에서 설명한 대로 150~151페이지 지도를 여행의 길잡이로 활용하라. 사건을 최종적으로 해결할 때까지 이야기 속의 낯선 장소를 다니고 기묘한 사건을 푸는 데 반드시 필요할 것이다.

152페이지의 첫 번째 퍼즐부터 풀어라. 다 풀면 아래쪽 상자에 있는 단서를 보고 지도의 다음 목적지를 알아낸다. 그곳에는 다음으로 풀어야 할 퍼즐의 번호가 적혀 있다. 이런 식으로 퍼즐과 지도를 계속 왔다 갔다 반복하면서 모험의 마지막 퍼즐까지 가보자.

즐거운 여행 하시길!

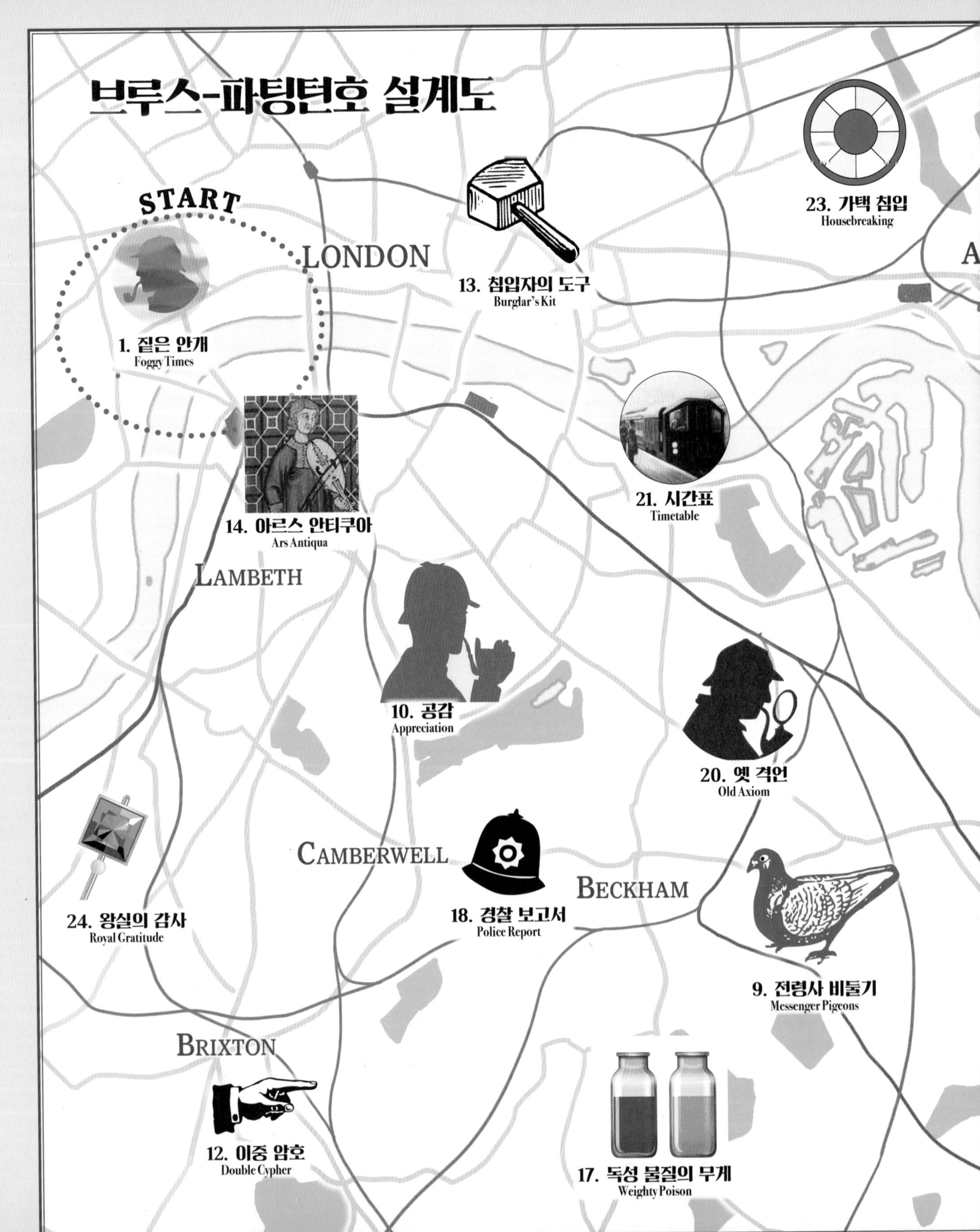

브루스-파팅턴호 설계도
START
LONDON
1. 짙은 안개
Foggy Times
13. 침입자의 도구
Burglar's Kit
23. 가택 침입
Housebreaking
A
14. 아르스 안티쿠아
Ars Antiqua
21. 시간표
Timetable
LAMBETH
10. 공감
Appreciation
20. 옛 격언
Old Axiom
CAMBERWELL
BECKHAM
24. 왕실의 감사
Royal Gratitude
18. 경찰 보고서
Police Report
9. 전령사 비둘기
Messenger Pigeons
BRIXTON
12. 이중 암호
Double Cypher
17. 독성 물질의 무게
Weighty Poison

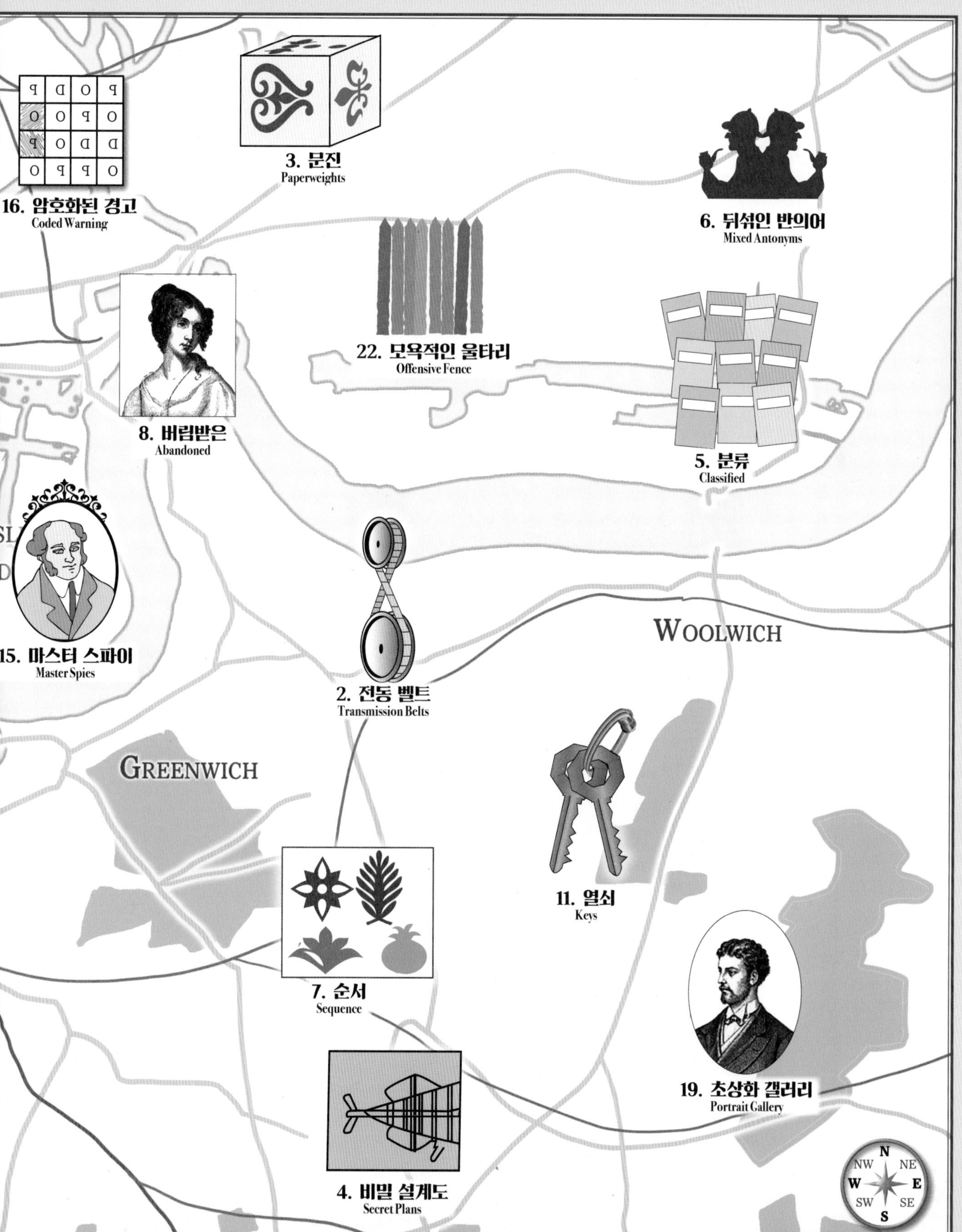
3. 문진
Paperweights
16. 암호화된 경고
Coded Warning
6. 뒤섞인 반의어
Mixed Antonyms
22. 모욕적인 울타리
Offensive Fence
8. 버림받은
Abandoned
5. 분류
Classified
15. 마스터 스파이
Master Spies
WOOLWICH
2. 전동 벨트
Transmission Belts
GREENWICH
11. 열쇠
Keys
7. 순서
Sequence
19. 초상화 갤러리
Portrait Gallery
4. 비밀 설계도
Secret Plans
N
NW
NE
W
E
SW
SE
S

1

짙은 안개

짙은 안개가 런던을 뒤덮어 여행을 비롯한 거의 모든 활동들이 불가능해졌다. 잿빛 솜 같은 것으로 덮인 칙칙한 분위기이지만 셜록 홈즈는 활발한 활동을 펼치고 싶어 안절부절못하고 있다.

가벼운 산책을 하는 동안 많은 시계들을 지나치는데 안개가 너무 짙어서 몇 시인지 알아보기가 힘들다.

홈즈는 이 시계들을 어떤 순서로 지나갔는가?

19세기 안개가 자욱한 런던 거리에서
중세 유럽의 예술 세계로 점프한다.

2

전동 벨트

브루스-파팅턴 잠수함의 많은 숨은 기능 중 하나는 전동 벨트의 복잡한 메커니즘이다. 도난당한 설계도에 이에 대한 설명이 자세히 들어 있다.

아래는 그 설계도의 일부를 발췌하여 간단하게 그린 그림이다. 큰 바퀴가 화살표 방향으로 돌 때 그 아래 벨트는 위로 움직이겠는가 아니면 아래로 움직이겠는가?

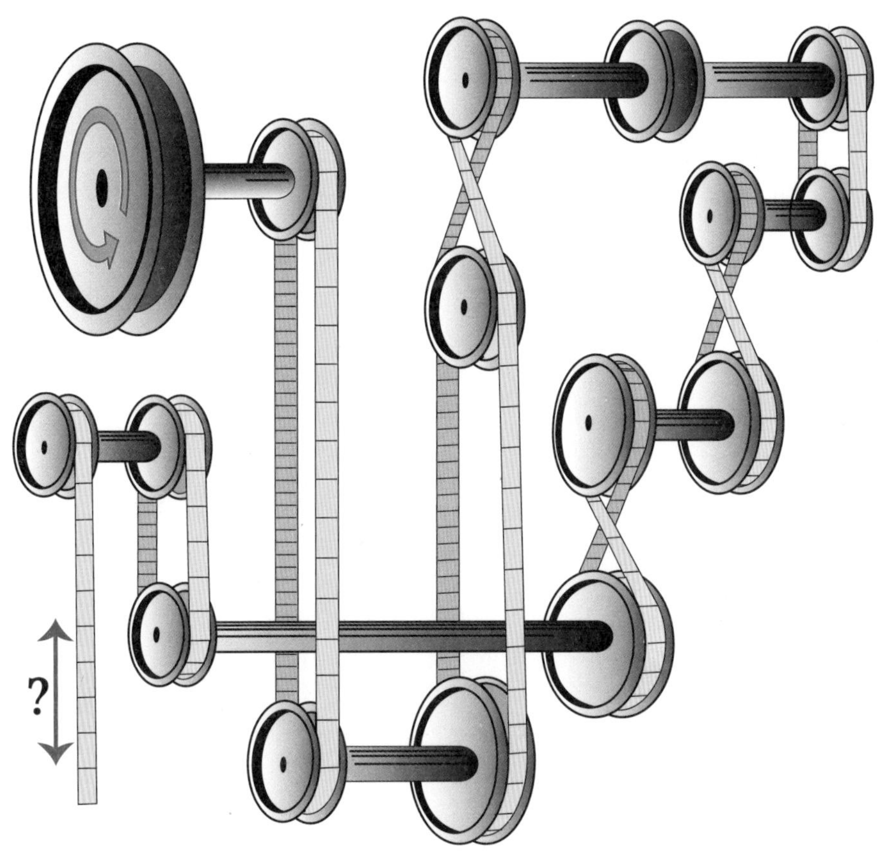

다음 목적지에 도착할 때까지
위의 벨트가 움직이는 방향과 같은 방향으로 가시오.

3

문진

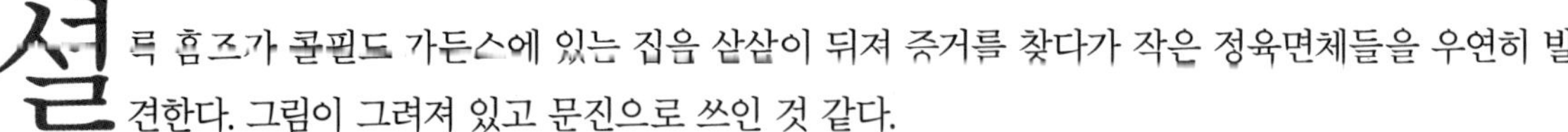

셜록 홈즈가 콜필드 가든스에 있는 집을 샅샅이 뒤져 증거를 찾다가 작은 정육면체들을 우연히 발견한다. 그림이 그려져 있고 문진으로 쓰인 것 같다.

"똑같은 물건을 이렇게 많이 가지고 있다니 이상하군." 왓슨이 말한다.

"아니, 모두 다 같은 건 아니라네. 나머지와 다른 것이 하나 있어." 홈즈가 정정한다.

아래에서 다른 큐브 하나를 찾으시오.

다음 목적지로
'모욕적인 울타리'를 찾아가시오.

4
비밀 설계도

"설계도를 그대로 베낄 수도 있었는데 왜 체포될 위험을 무릅쓰고 훔쳤을까요?" 왓슨이 묻는다.

"설계도가 얼마나 복잡한지 실수 없이 그대로 베끼는 것이 어렵습니다. 이것을 한번 보세요. 아주 유능한 제도공이 그렸지만 열 군데에 실수가 났고 이는 치명적인 결과를 초래할 겁니다." 해군 본부의 상급 관리관이 대답한다.

실수가 발생한 열 곳을 찾아라.

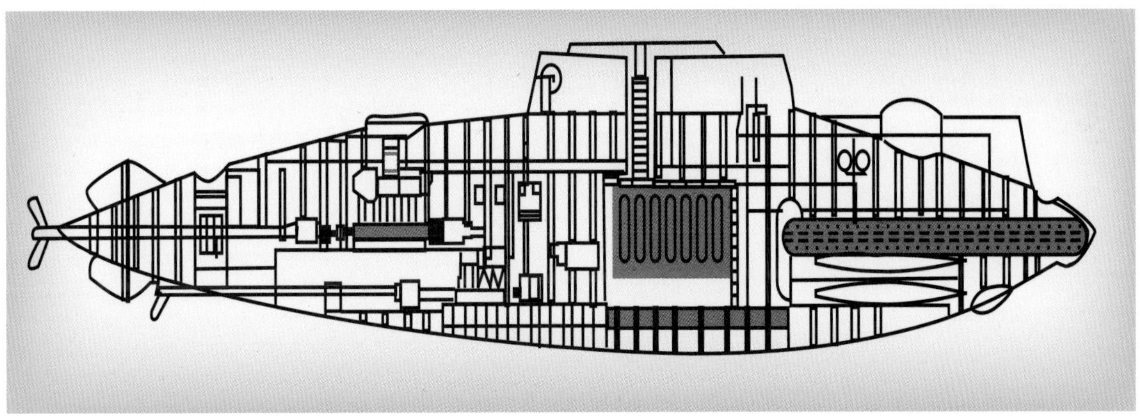

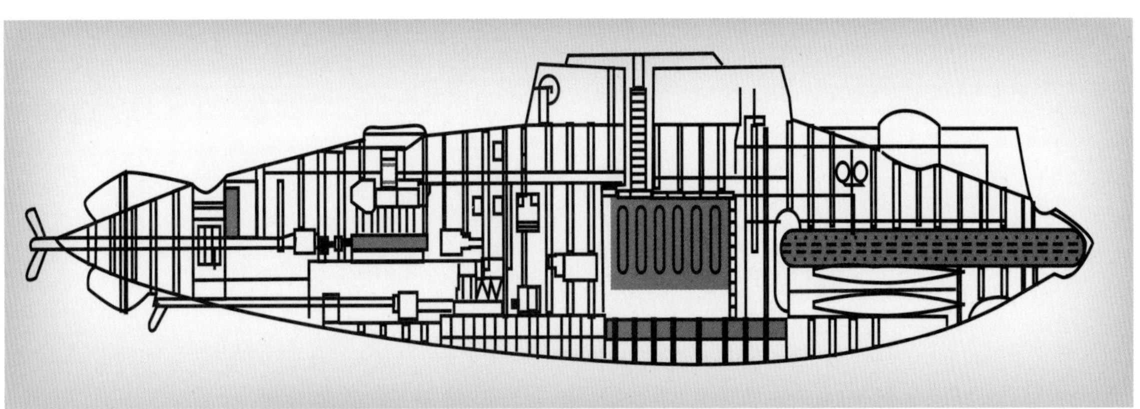

지도에서 초상화 갤러리로 가시오.

5

분류

셜록 홈즈는 도난당한 서류 폴더를 살펴본다. "그래서, 어떤 것들이 사라졌죠?" 그가 사무원에게 묻는다.

"어, 흠." 상급 사무원이 중얼거린다. "저는, 어, 말씀드릴 수 없습니다…. 하지만, 음, 제가 말씀드릴 수 있는 건 도난당한 세 장의 서류에서 글자는 버리고 숫자의 합이 95라는 것입니다."

"알겠소이다." 셜록이 말한다.

도난당한 서류는 무엇인가?

위 서류의 숫자 중 가장 큰 수의 자릿수를 더하면
두 자리 숫자가 나온다.
이 두 자리 숫자를 더한 것이 다음 목적지 번호이다.

6

뒤섞인 반의어

배신자의 정체를 알게 된 셜록 홈즈는 너무나 놀라서 "이번에는 나는 바보라 적어도 할 말이 없겠어, 왓슨"이라고 말한다. 이렇게 자아비판을 하는 경우가 흔치 않은데 이번 사건에서는 그만큼 모순적으로 대립되는 세력이 아주 복잡하게 얽혀 있었던 것이다.

아래는 모순된 단어들이 한데 뒤섞여 알아보기 힘든 상태이다. 각 줄마다 두 개의 반의어가 들어 있는데 단어를 구성하는 글자의 순서는 섞여 있지 않다.

반의어들을 찾아보자.

B R D A I G R K H T

C L E S T U V P E R I D

U N F A L I T H O Y F A L U L

C A C A R U T E L I E O S S U S

D E S I C E N I C T E F R E U L

T I R E N A R E C I S O O L U S U T E

위와 같은 방법으로 결합된 두 단어,
즉 'MESPIGSENEONGERS'가
다음 목적지 이름이다.

7

순서

셜록 홈즈는 울리치 아스널 사무실로 가면서 그들만의 '비밀' 일부가 전국 모든 학생들에게 이미 알려졌다는 것을 알게 되었다. 말하자면 순서를 표시해야 할 때 단순한 기호 시스템 한 쌍을 만들어 사용하는 것과 같은 방법들이다.

예를 들어 아래 세트에서 상자 A에서 출발하여 최소 두 개 이상의 동일한 기호가 들어 있는 다른 상자로 이동한다. 그런 다음 그 상자에서 출발하여 역시 두 개의 동일한 기호가 들어 있는 또 다른 상자로 이동한다. 이런 식으로 계속하여 아홉 개의 상자를 통과하는 경로를 찾는다. 마지막 순서의 상자는 어느 것인가?

마지막 상자의 알파벳을 숫자(A=1, B=2 등)로 변환한다.
그리고 그 숫자에 4를 곱한 수가 다음 목적지 번호이다.

8

버림받은

"우리는 함께 걷고 있었어요. 그런데 갑자기 아무 말 없이 아서가… 그러니까 제 약혼자 캐도건 웨스트가 안개 속으로 사라졌어요. 계속 기다렸지만 결국 돌아오지 않았어요."

바이올렛 웨스트베리 양은 만약 사랑하는 사이가 아니었다면 자신이 비참하게 버림받았다고 생각했을 것이다.

'abandoned(버림받은)'와 비슷한 의미를 지닌 단어들이 반으로 잘려 흩어져 있다. 그런데 전혀 관련 없는 의미를 가진 한 단어도 반으로 잘려 섞여 있다. 관련 없는 의미의 한 단어는 무엇이며 비슷한 의미의 단어들은 무엇인가?

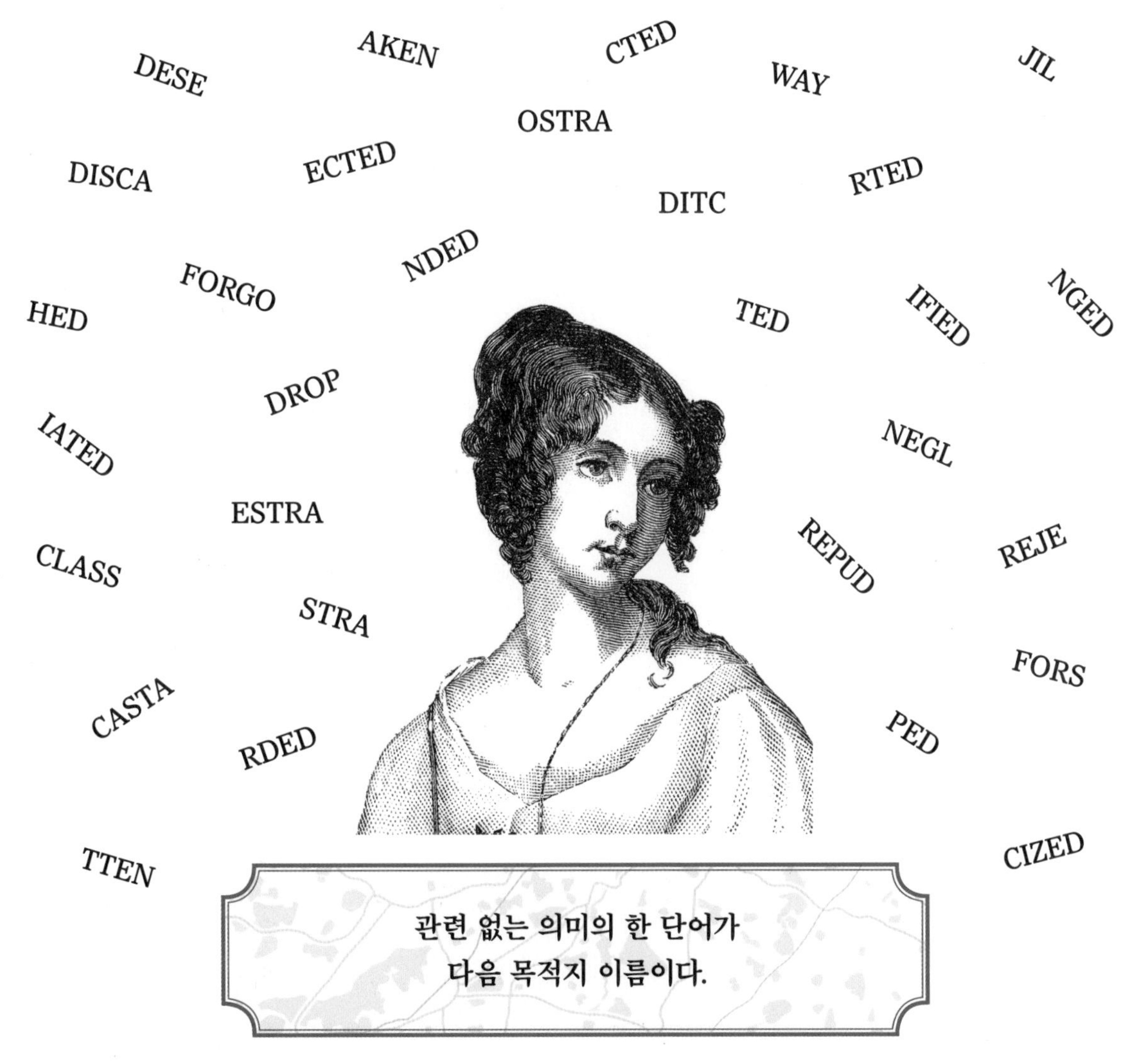

관련 없는 의미의 한 단어가
다음 목적지 이름이다.

9

전령사 비둘기

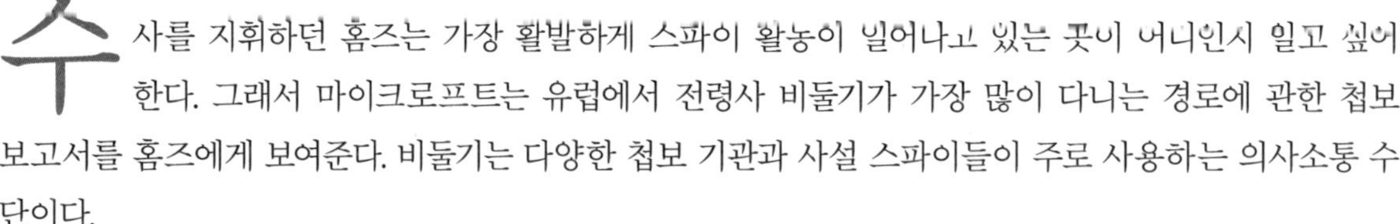

수사를 지휘하던 홈즈는 가장 활발하게 스파이 활동이 일어나고 있는 곳이 어디인지 알고 싶어 한다. 그래서 마이크로프트는 유럽에서 전령사 비둘기가 가장 많이 다니는 경로에 관한 첩보 보고서를 홈즈에게 보여준다. 비둘기는 다양한 첩보 기관과 사설 스파이들이 주로 사용하는 의사소통 수단이다.

"어디에 집중해야 할지 보이는군." 홈즈가 말한다.

비둘기는 같은 번호의 깃발로 이동한다. 가장 많이 다닌 교차로는 어디인가?

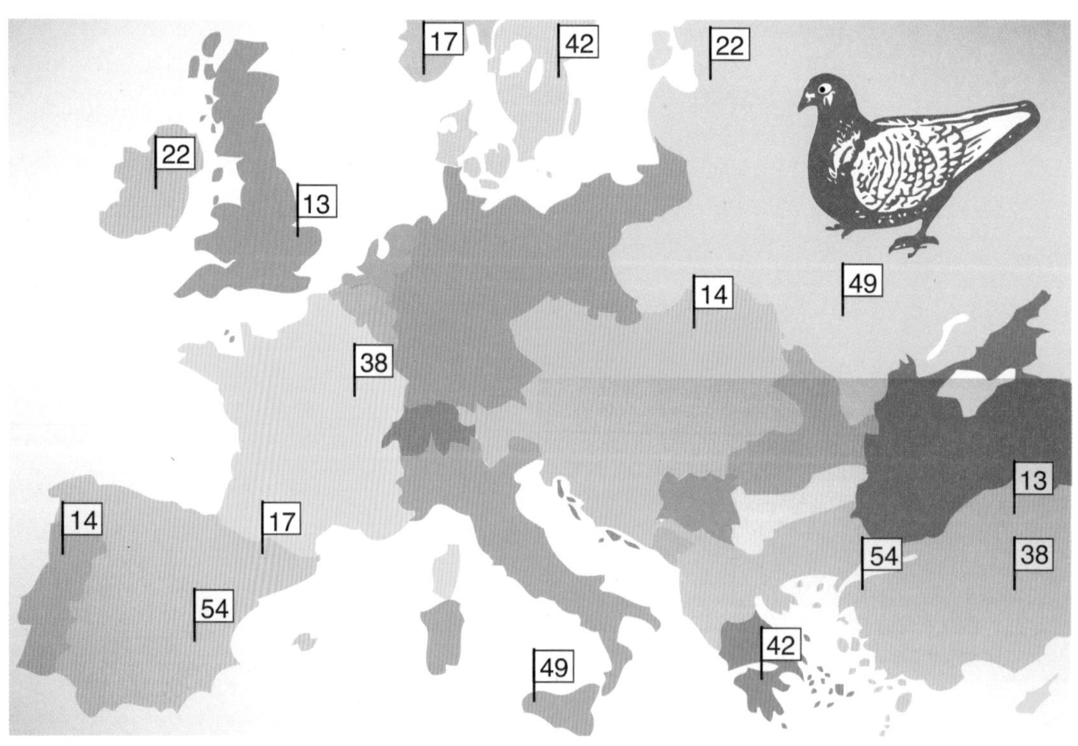

위 지도에서 가장 북쪽에 있는 깃발의 번호가 다음 목적지 번호이다.

10

공감

셜록 홈즈가 브루스-파팅턴호 설계도 사건을 조사하기 시작했을 때 한 경찰관은 경찰과 탐정은 같은 규율에 따라 행동하지 않는다는 점을 설명해준다. 셜록은 법을 따르지 않을 때도 있지만, 경찰은 그렇게 할 수 없는 것이다.

셜록 홈즈와 경찰 모두 법에 대한 홈즈의 입장을 언급하는데 발언이 뒤섞여 있다!

단어 순서를 바꾸지 않고 아래 두 문장을 분리하시오.

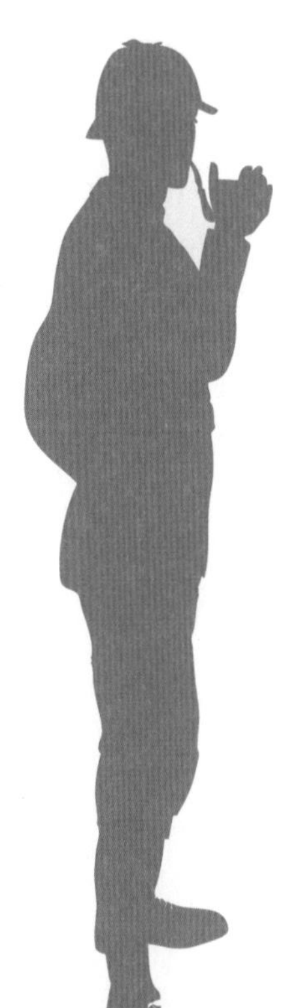

It is it fortunate is a mercy for
that this you are on community
the side that I of the force am
not and not against a criminal it

정말 다행스러운 일이야. 얼마나 감사한지 모릅니다. 홈즈 탐정님이 이 사회에 우리 경찰 편이라는 게 내가 적이 아니라 범죄자가 아니라는 것은

지도에서 다음 장소가 나올 때까지
북동쪽으로 이동하시오. 그곳이 다음 목적지다.

11

열쇠

셜록 홈즈가 수사를 진행할 당시 두 사람은 금고를 열 수 있는 열쇠 세 개를 가지고 있었다. 몇 년 전에는 다섯 개의 열쇠가 있었고 여덟 명의 사람들이 열쇠의 복사본을 일부 가지고 있었다. 그런데 귀중한 서류를 손에 넣기 위해서는 각 열쇠를 복사본과 함께 사용해야 했다. 조직에 변화가 생기면서 조금 복잡하게 변한 것이다.

각 열쇠의 복사본도 가지려면 여러분은 아래 사람들 중 어느 다섯 명에게 물어봐야 할까?

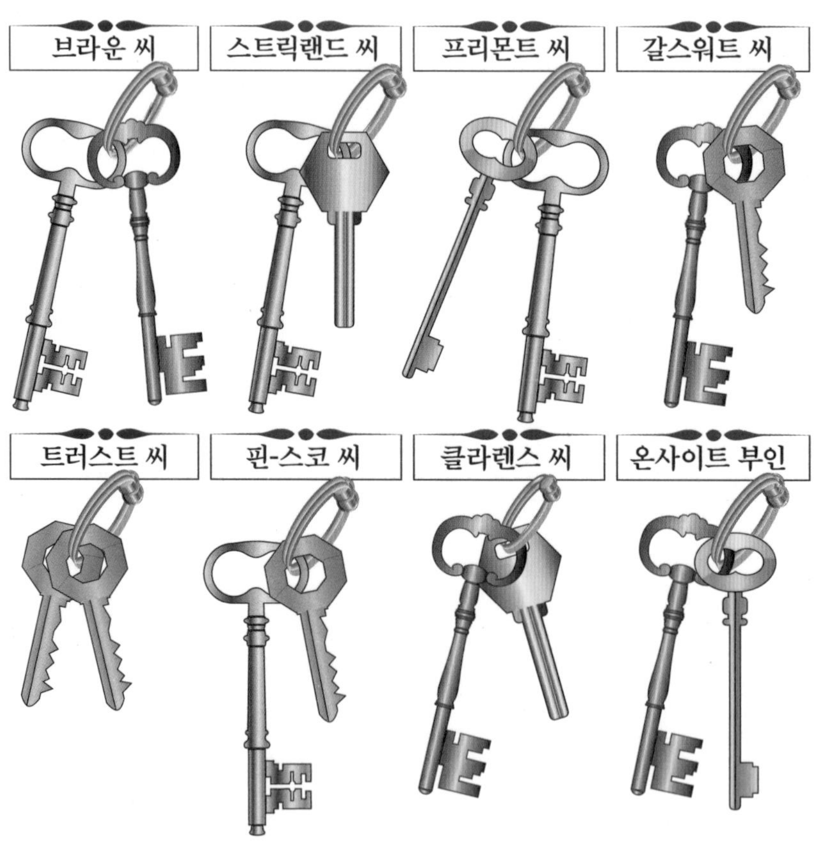

지도에 있는 다음 목적지 이름을
다음과 같이 바꾸어 말할 수 있다:
비밀 정보를 손에 넣어 동료들보다 우위에 있는 사람들.

12

이중 암호

셜록 홈즈는 그가 쫓고 있는 스파이들이 신문에 광고를 게재함으로써 서로 의사소통한다는 것을 알았다. 이 정보를 이용하여 그들 중 한 명을 미리 마련해둔 덫으로 유인하기로 결정한다.

그는 암호를 풀고 첫 번째 광고에 담긴 "4시에 오시오"라는 메시지를 읽어낸다. 조금 뒤 그는 신문에 두 번째 광고를 낸다. 여기에 숨은 메시지는 무엇인가?

스파이가 보낸 첫 번째 메시지

TRANSACTIONS
The administrative acceptance procedure for Smiths Ltd. is too imminent to foresee Isaacs and Co's reactions beforehand. The company has omitted from the invoice most unaffordable goods such as the vacuum override.

셜록 홈즈가 덫을 놓은 메시지

LEISURE
Write to Jimmy Green to reserve a week's vacation in attractive skiing resort. For customers planning to stay longer, we can offer a full equipment at our special ski bazaar, at little more than cost price.

지도에서 다음 목적지이자 마지막 목적지는 넥타이핀이다.

13

침입자의 도구

설록은 왓슨에게 가택 침입에 필요한 모든 장비를 가지고 오라고 한다. 왓슨은 그렇게 해본 적이 없기 때문에 근처 가게에 가서 필요한 장비를 사야 한다.

판매원은 그다지 친절하지 않은 사람으로 아래 품목들이 £15, £16, £18, £26, £28, £36라고 퉁명스럽게 말한다. 그리고 만약 낱개로만 산다면 개별 가격을 알아서 잘 계산하라고 한다!

다행히 품목별로 가격이 크게 다르지 않지만, 판매원은 품목이 놓인 순서대로 가격을 알려준 게 아니다.

왓슨은 램프가 꼭 필요하다. 램프의 가격은 얼마인가? 모든 도구의 가격대는 몇 파운드 정도이다.

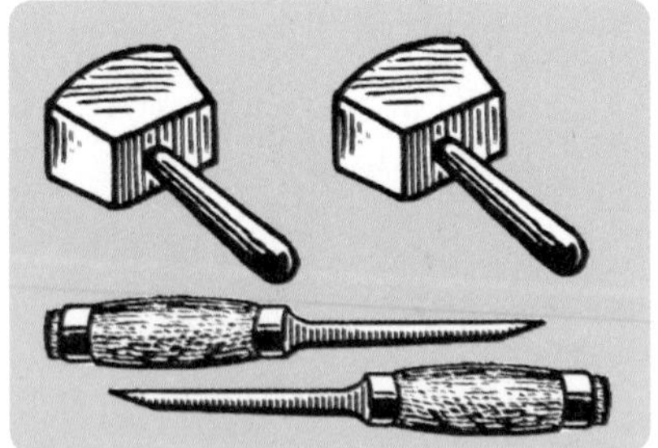
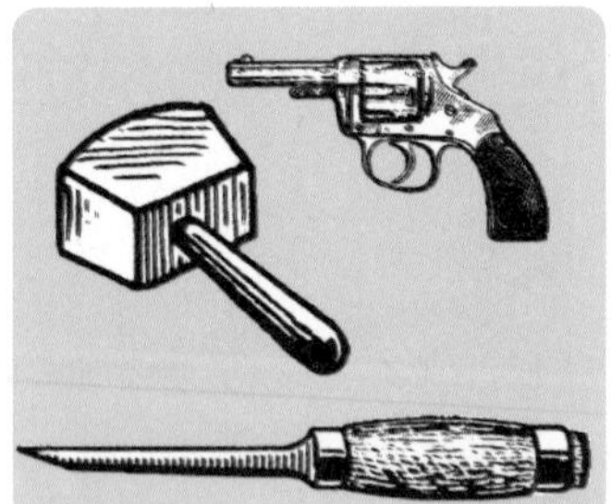
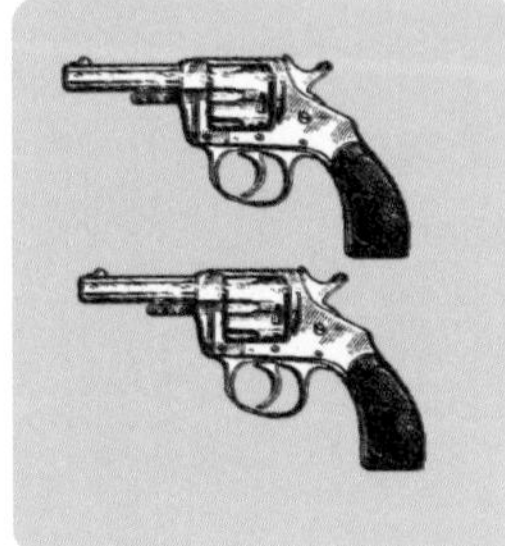

권총과 끌의 파운드 가격이
지도에서 다음 목적지 번호이다.

14

아르스 안티쿠아

셜록 홈즈는 짙은 안개로 수사 활동을 펼치지 못하자 취미인 중세 음악에 몰두하며 무료함을 달랜다. 그는 라소의 무반주 다성 성악에 대한 논문을 마무리 집필하는데, 이 논문은 몇 달 후에 인쇄되어 나와 이 분야 전문가들의 호평을 받게 된다.

이러한 열정에 힘입어 중세 음악과 관련된 여러 단어를 아래 그리드에서 찾아보자. 어떤 단어는 한쪽 그리드에, 어떤 단어는 다른 쪽 그리드에, 그리고 한 단어는 양쪽 그리드에 있다. 대각선 포함하여 모든 방향으로 찾아보자.

P	I	P	E	S	B	X	X
X	M	A	C	H	A	U	T
L	Y	L	H	T	R	A	E
U	A	E	D	N	O	R	T
G	R	S	X	E	Q	E	O
R	S	T	S	E	U	D	M
E	A	R	X	U	E	R	X
G	N	I	U	Q	S	O	J
O	T	N	O	N	A	C	S
R	I	A	M	O	D	E	S
I	Q	C	H	O	I	R	A
A	U	L	A	C	O	V	B
N	A	D	E	R	C	A	S
M	A	D	R	I	G	A	L

ArsAntiqua 아르스 안티쿠아
ArsNova 아르스 노바
baroque 바로크
bass 베이스
canon 캐논
canticles 기도서 성가
choir 합창단
dulcimer 덜시머 악기
earthly 세속의
Gregorian 그레고리안 성가
instrumental 기악의
Josquin 조스켕
Lassus 라소
lute 류트
Machaut 마차우트
madrigal 무반주 다성가
modes 음계
motet 무반주
octave 옥타브
organum 다성 음악
Palestrina 팔레스트리나
pipes 파이프
plainchant 단음 성악
polyphonic 다성 성악의
queen 여왕
recorder 리코더
rondeau 론도
sacred 신성한
secular 세속적인
song 노래
troubadours 음유시인
trouvere 트루베르
vocal 가창의
Victoria 빅토리아 여왕

A	R	S	N	O	V	A	I
S	X	R	C	V	P	X	N
O	T	U	A	I	O	T	S
N	R	O	N	C	L	N	T
G	O	D	T	T	Y	A	R
X	U	A	I	O	P	H	U
R	V	B	C	R	H	C	M
E	E	U	L	I	O	N	E
M	R	O	E	A	N	I	N
I	E	R	S	X	I	A	T
C	E	T	U	L	C	L	A
L	A	S	S	U	S	P	L
U	M	U	N	A	G	R	O
D	S	E	C	U	L	A	R

4

위 그리드에 있는 X의 총 개수와 같은 번호를 찾아가시오(X는 단어의 일부가 아니다).

15

마스터 스파이

"그럼 요즘 대세인 스파이는 누구죠?" 홈즈가 마이크로프트에게 묻는다. "글쎄, 세 명의 주요 스파이와 훈련이 필요한 두 명의 신입 스파이들이 있어. 아돌프 마이어, 루이 라 로디에르, 휴고 오버스타인, 세르지오 말라비스타, 표트르 볼로비치라고 해. 여기, 혹시 마주하게 될지 모르니 초상화도 잘 봐두게."

"아하." 셜록이 끼어들었다. "그런데 누가 누구죠?"

마이크로프트는 마이크로프트답게 정답을 단도직입적으로 말하지 않고 알아듣기 힘들게 말한다. "보다시피 아돌프 마이어는 루이 라 로티에르에서 왼쪽으로 멀리 떨어져 있어. 휴고 오버스타인과 세르지오 말라비스타 사이에는 한 사람이 있고, 세르지오 말라비스타와 표트르 볼로비치 사이에는 두 사람이 있어. 그리고 표트르는 프랑스인 루이 라 로티에르 옆에 있어. 자 이제 모두 다 알아보겠지?"

각 초상화와 스파이의 이름을 짝지을 수 있는가?

지도에서 북동쪽에 있는
가장 가까운 목적지를 찾으시오.

16

암호화된 경고

셜록은 콜필드 가든스의 집을 수색하면서 수많은 책들을 뒤적이고, 모종의 상자들을 열어보고, 공책이나 쪽지, 편지 등을 읽기도 한다. 증거가 될 만한 모든 것을 살펴보는 것이다.

그런데 그가 열지 않고 그대로 놓아둔 봉투가 하나 있다. 왓슨이 이유를 묻자 이렇게 대답한다. "봉투 위에 작은 칸이 있는데, 받는 사람에게 보내는 경고인 것 같네. 이런 식의 암호를 다른 곳에서도 본 적이 있거든. 초록색으로 칠해진 사각형이 보이지? 음, 초록색으로 세 개의 사각형을 더 칠하되 서로 다른 행, 열, 대각선에 있도록 칠해야 하네. 그런 다음 빨간색 사각형도 같은 방식으로 진행하게. 그러면 첫 번째 단어는 초록색 사각형에서, 두 번째 단어는 빨간색 사각형에서, 세 번째 단어는 색이 없는 사각형에서 나온다네."

메시지는 무엇인가?

P	O	D	O
O	I	S	P
E	O	N	N
E	T	N	D

**다음 목적지는
가벼운 물건이 사방으로 날아다니는 것을 막기 위해
사용되는 묵직한 물건이다.**

17

독성 물질의 무게

가장 복잡한 사건 중 하나를 해결했지만 그것만으로는 성에 차지 않았는지, 홈즈는 휴식 기간을 활용하여 독성 물질의 상대적 무게를 연구한다.

일단 같은 색상의 병은 모두 무게가 같다는 것을 확인한 후, 가장 가벼운 병에서 가장 무거운 병으로 분류를 한다.

아래 저울을 참고하여 이 독성 물질의 상대적인 무게를 추정하시오.

지도의 다음 목적지인
'이중 암호'를 찾아가시오.

18

경찰 보고서

설록 홈즈는 경찰국의 초청을 받아 캐도건 웨스트의 사건을 논의하고 있다. 탐정은 조용히 그 사건에 대한 정보를 섭렵하면서 자신의 생각을 가다듬고 있다.

지금까지 설정된 가설은 캐도건 웨스트의 시체가 움직이는 열차의 객차로부터 선로로 던져졌다는 것이다.

다음은 이 사건에 대한 경찰 보고서 중 일부이다.

- 선로에 접근할 수 있는 사람만이 시체를 옮길 수 있었다.
- 시체는 피를 많이 흘렸다.
- 선로에 접근할 수 있는 사람은 객차 문을 여는 특수 열쇠를 가진 직원뿐이다.
- 어떤 객차에서도 폭력의 증거가 발견되지 않았다.
- 시체가 너무 무거워서 상급 직원 혼자 옮길 수 없었다.
- 시체 근처의 선로에서 혈흔이 발견되지 않았다.
- 철도 회사의 상급 직원만이 선로에 접근할 수 있다.

다음은 몇 가지 결론이다. 앞의 진술과 논리적으로 일치하는 것은 무엇인가?

A • 캐도건 웨스트를 객차에서 내던진 사람은 철도 회사 직원임이 틀림없다.

B • 시체 근처에서 혈흔이 발견되지 않았으므로 옮겨진 것이 틀림없다.

C • 희생자는 객차에서 살해된 것이 틀림없다.

D • 상급 직원은 살인사건에 분명히 책임이 있다.

E • 증거는 설정된 가설이 어딘가에서 잘못되었음을 보여준다.

지도에 있는 다음 목적지 이름은
'가택 침입자들이 사용하는 도구'를 의미한다.

19

초상화 갤러리

“이 서류들을 볼 권한이 있는 사람들의 전체 명단을 가지고 있습니까?” 셜록은 해군 기밀문서의 공식 관리자인 존 월터 경에게 묻는다.

“그것보다 더 좋은 게 있지요!” 존 경이 자랑한다. “우리에겐 공식적으로 구성된 세 팀의 구성원들 이름과 초상화가 있습니다. 여기 보세요. 그런데 이들은 절대 그런 일을 했을 리가 없습니다.”

이름들은 초상화의 번호순이 아닌 알파벳 순서로 적혀 있다. 이름과 초상화를 일치시키시오.

P. J. Harmond
O. D. Johnsteen
F. W. Karsley
S. A. Maximus

B. B. Debs
P. J. Harmond
S. A. Maximus
R. H. Raphaels

C. U. Creight
P. J. Harmond
F. W. Karsley
R. H. Raphaels

두 여성 이름에 있는 글자 수를 세어라(이니셜 제외). 다음 목적지 번호이다.

20
옛 격언

셜록은 캐도건 웨스트가 열차 안이 아니라 지붕 위에 있었을 거라고 추리한다. 왓슨이 그럴 가능성은 정말 없어 보인다고 반대하자 셜록이 이렇게 대답한다. "옛말에 이런 말이 있지…."

점선을 따라 한 거품에서 다른 거품으로 이동하면 셜록의 답이 나온다: 모든 가능성이 사라진다면 마지막에 남은 것은 아무리 사실 같지 않더라도 모두 진실이다.

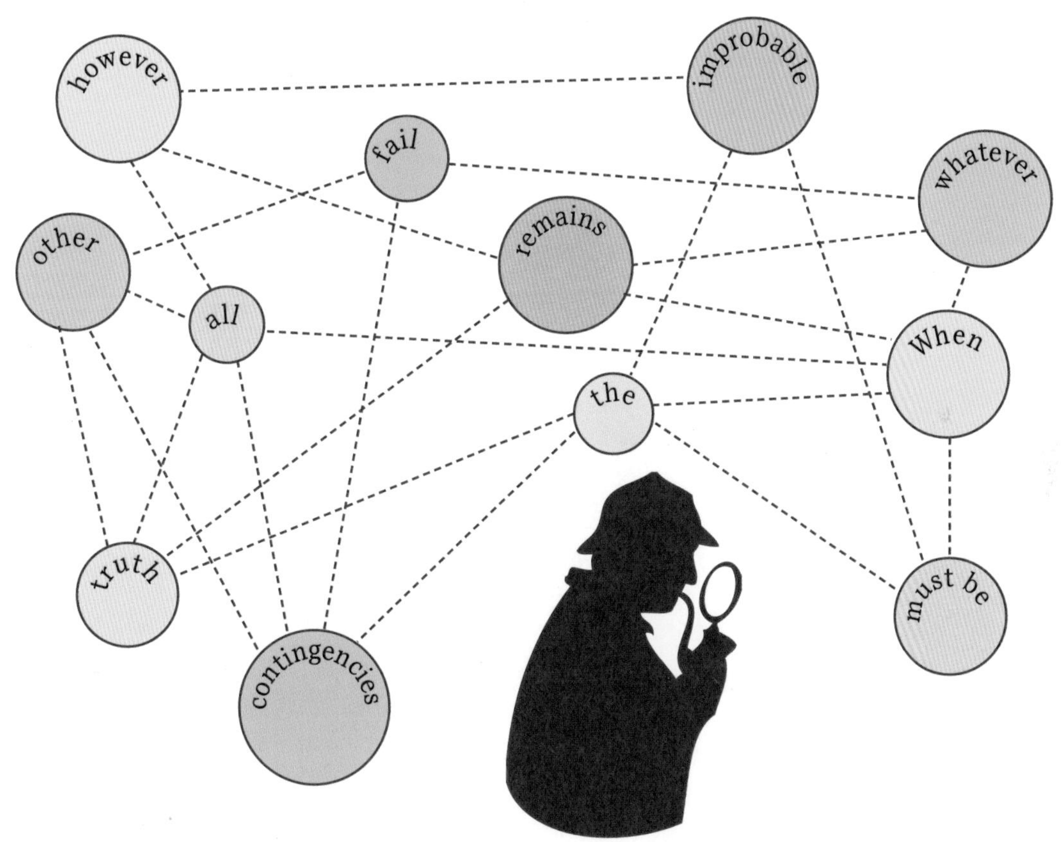

마지막 두 단어 사이의 선이 가리키는 방향이 다음 목적지로 가는 방향과 같다.

21

시간표

도난당한 비밀 설계노와 밀접하게 관련된 직인, 캐도건 웨스트의 시체가 철로에서 발견되었다! "일단 캐도건 웨스트가 8시 15분에 웨스트민스터역에서 열차를 탔다고 가정해보세. 10시 이전에 앨게이트에 도착할 수 있었을까?" 왓슨이 묻는다. "일시적으로 운행이 중단되고 역들도 문을 닫은 이런 이상한 열차시간표로?"

"시간표를 전체적으로 숙지하고 있었다면, 그래, 가능했을 수도 있어." 홈즈가 확신한다.

아래 시간표에서 8시 15분에 웨스트민스터에서 출발하여 10시가 되기 전에 앨게이트에 도착하는 여정을 구상하시오.

Westbound			Eastbound		
• 8.26		South Kensington	• 7.54		• 8.29
		Sloane Square		• 8.19	• 8.39
• 8.08		Victoria	• 8.12	• 8.27	• 8.47
	•10.11	St James Park		• 8.38	• 8.54
• 7.53		Westminster	• 8.27		• 9.02
	• 9.53	Charing Cross	• 8.47		
• 7.32	• 9.42	Temple			• 9.23
		Blackfriars		• 9.21	
• 7.21	• 9.31	Mansion House			• 9.34
	• 9.27	Cannon street	• 9.29	• 9.25	
• 7.11		Monument		• 9.46	• 9.44
	• 9.16	Mark Lane		• 9.56	• 9.50
• 7.00	• 9.11	Algate			• 9.57

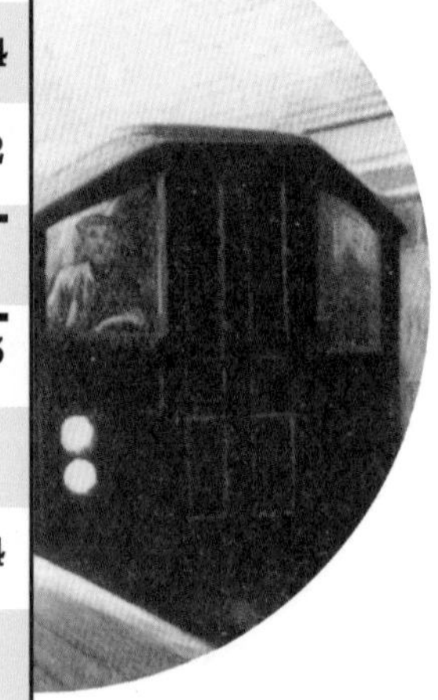

위 시간표에서
목적지까지 가기 위해 타야 하는 열차의 수가
다음 목적지 번호이다.

22
모욕적인 울타리

울타리에 적혀 있던 모욕적인 글을 이제는 볼 수 없다. 나무 기둥을 뽑아 순서를 바꾸어 다시 세웠기 때문인데, 아마도 글 내용에 비위가 상한 경찰들이 그랬을 것이다.

셜록 홈즈는 머릿속으로 나무 기둥을 원래 순서대로 놓아보는데, 글 내용에 불쾌해지지 않는다. 어떻게 놓은 것인가? 첫 번째와 마지막 나무 기둥은 옮기지 않았다.

위에서 셜록 홈즈가 가리키는 방향이
다음 목적지를 향한 방향이다.

23
가택 침입

셜록 홈즈는 가끔씩 고의로 법을 어길 때가 있다. 마스터 스파이가 떠난 빈 집을 수색할 때 역시 영장도 경찰국에서 받은 어떤 형태의 허가도 없이 그렇게 하기로 결정한다. 실제로 왓슨은 가택 침입 장비를 가지고 나서면서 경찰에게 저지당하지 않기를 바라는데, 해명하는 일 자체가 골치 아프기 때문이다.

셜록과 왓슨의 활동을 정당화할 수 있는 세 단어가 있다. 각각의 파란색 원을 초록색 원 위에 올리고, 필요하다면 돌려서 총 여덟 글자의 단어를 맞춘다고 상상해보라. 서로 딱 맞는 원을 찾고 그 철자를 쓰시오.

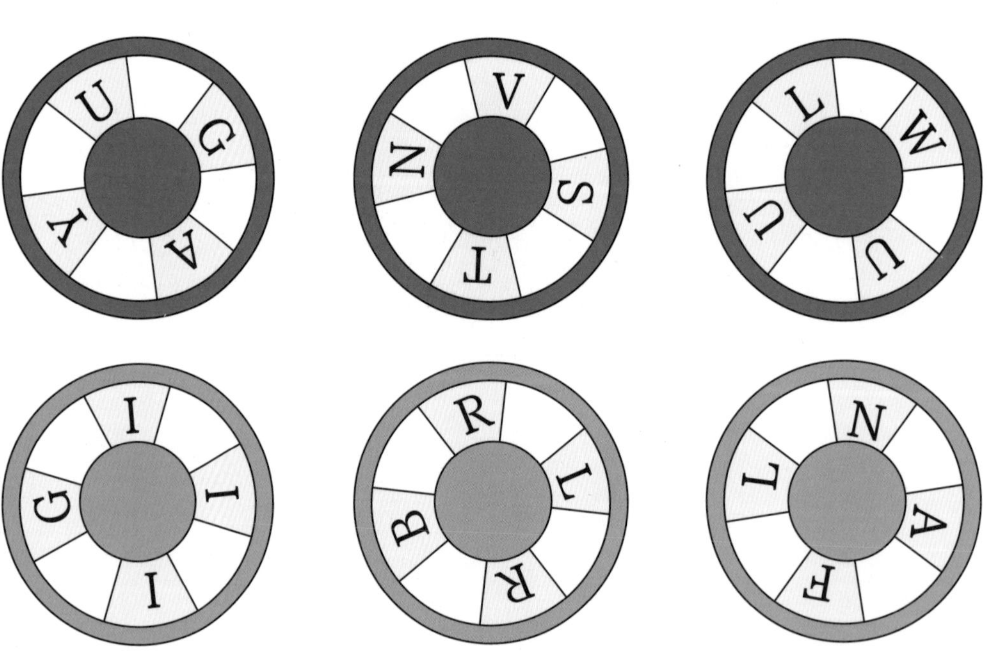

지도상의 다음 목적지는 경고에 해당하지만,
홈즈에게 늘 그렇듯이 직접적인 경고는 아니다.

24

왕실의 감사

셜록 홈즈는 비밀 설계도를 적들로부터 다시 찾아온 것에 대한 감사의 뜻으로 버킹엄 궁전에 초대되었고, 귀한 에메랄드색 넥타이핀을 선물로 받는다. 모험의 전 과정이 그러했던 것처럼 홈즈는 이 선물 역시 신중하게 대한다.

그의 넥타이핀은 나머지 모든 넥타이핀과 다르게 생겼다. 어느 것인가?

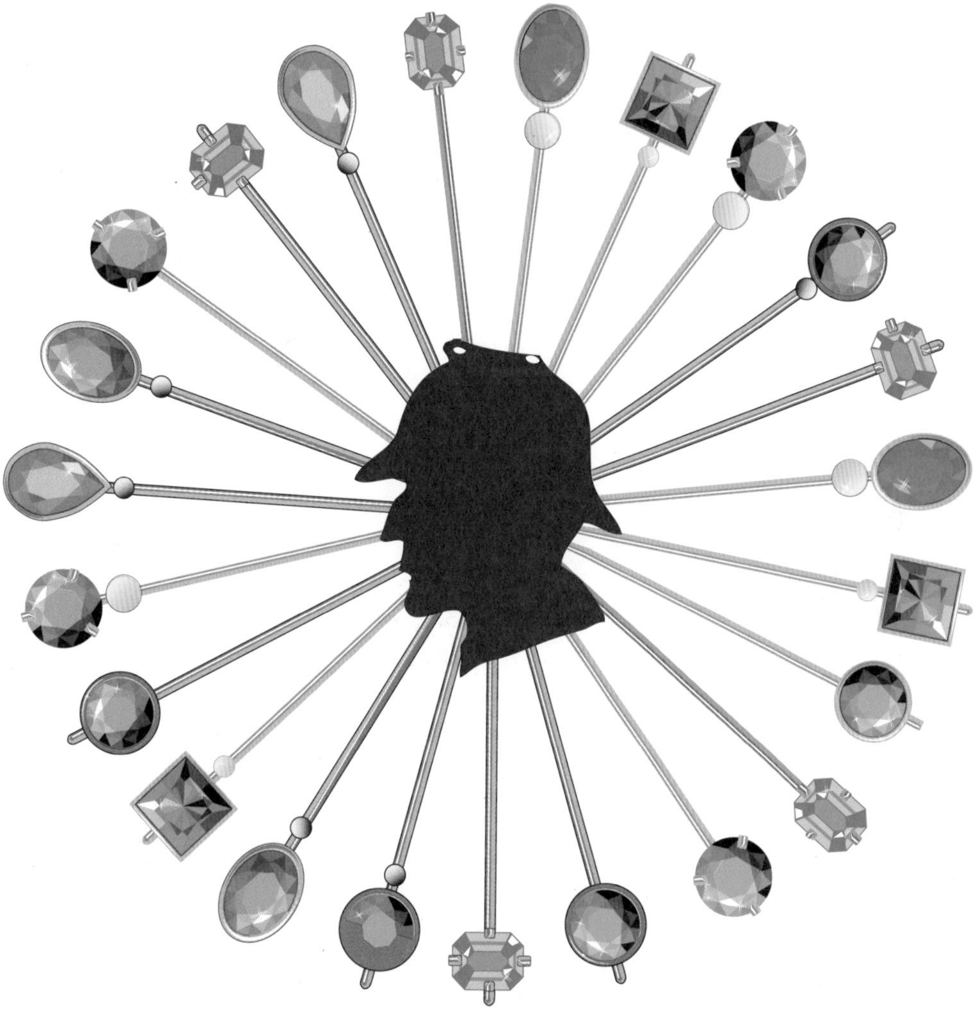

이제, 모험의 마지막 퍼즐까지 다 풀었다.
드디어 셜록 챌린지에 숨은 마지막 단어를 찾아서
인용문을 해독할 수 있을 것이다!

셜록 챌린지

그리드 채우기

숫자가 적힌 돋보기를 발견한 챕터의 그리드로 간다. 그 숫자에 해당하는 단어를 그리드의 첫 번째 줄부터 차례대로 써넣는다.

Chapter 1. 마자랭의 보석

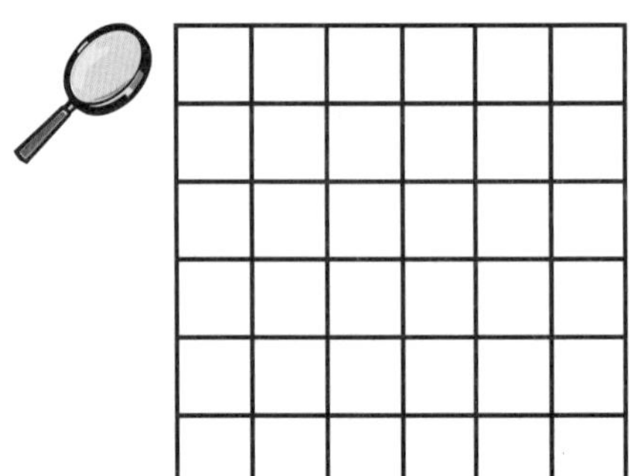

1. **CACTUS** 선인장
2. **CHANCE** 기회
3. **EASILY** 쉽게
4. **HEALTH** 건강
5. **PRAISE** 칭찬하다
6. **RABBIT** 토끼
7. **STRING** 줄
8. **TEAPOT** 찻주전자

Chapter 2. 등나무 저택

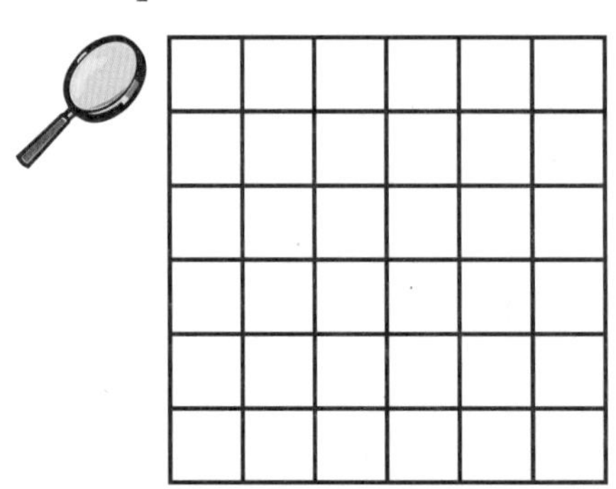

1. **BOUNCE** 튀어오르다
2. **DEBATE** 토론하다
3. **EAGLES** 독수리
4. **ELDERS** 손윗사람
5. **MORSEL** 음식의 한 입
6. **RATTLE** 달그락거리다
7. **SANITY** 건전함
8. **SEARCH** 검색하다

Chapter 3. 제2의 얼룩

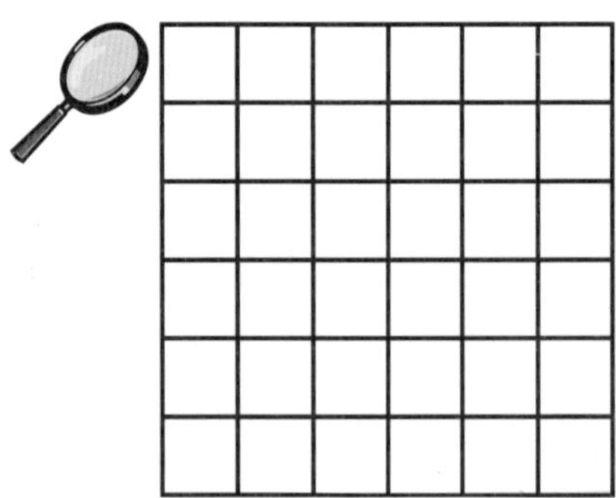

1. **ACTIVE** 활동적인
2. **ADMIRE** 존경하다
3. **DEPUTY** 대리인
4. **FAMILY** 가족
5. **LIKELY** 그럴듯한
6. **RAGGED** 누더기의
7. **SAILOR** 선원
8. **STAPLE** 주요한

Chapter 4. 라이기트의 수수께끼

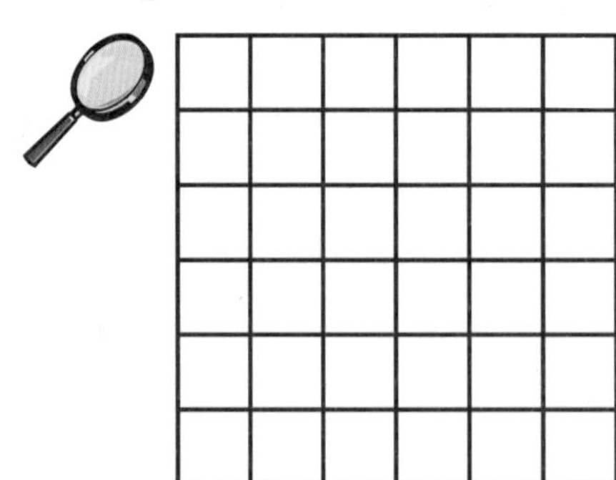

1. **BITTER** 쓴
2. **COHORT** 특정 집단
3. **DIALOG** 대화
4. **GERBIL** 저빌 쥐
5. **MEDIUM** 중간
6. **RIDDLE** 수수께끼
7. **SELDOM** 드물게
8. **WEALTH** 재산

Chapter 5. 그리스어 통역사

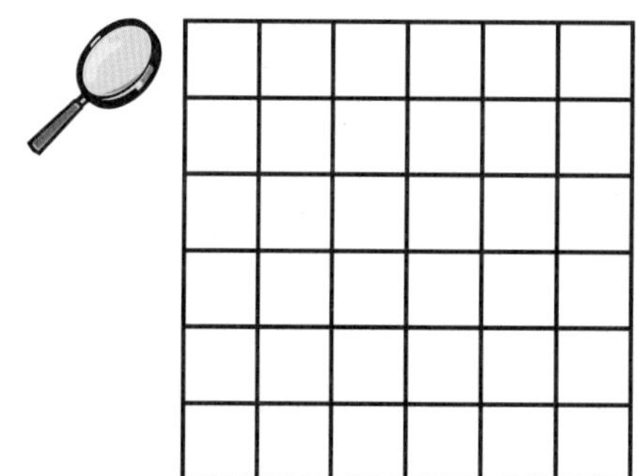

1. **ENERGY** 에너지
2. **GEYSER** 간헐천
3. **IRONIC** 역설적인
4. **LENGTH** 길이
5. **PACKET** 꾸러미
6. **PENCIL** 연필
7. **RANGER** 대원
8. **VIKING** 바이킹

Chapter 6. 브루스-파팅턴호 설계도

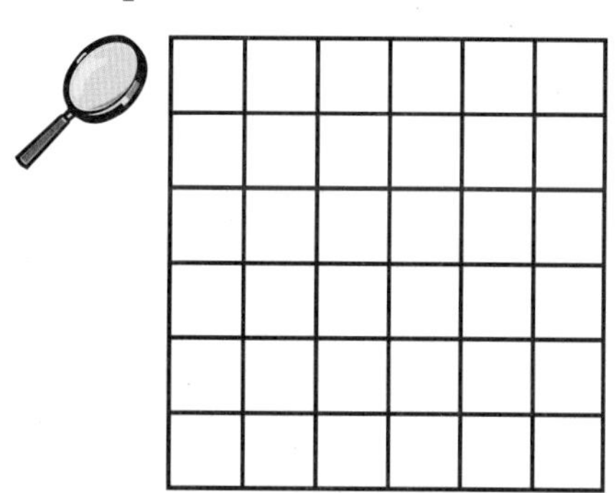

1. **CHAIRS** 의자
2. **LEADER** 지도자
3. **NINETY** 90
4. **OCCUPY** 점유하다
5. **PRINCE** 왕자
6. **SUBTLE** 미묘한
7. **TAILOR** 재단사
8. **TOFFEE** 사탕

숨겨진 단어

그리드가 완성되면 그리드 안에 숨어 있는 여섯 글자 단어를 찾아 아래 빈칸에 쓴다. 위, 아래 또는 대각선의 모든 방향이 될 수 있다.

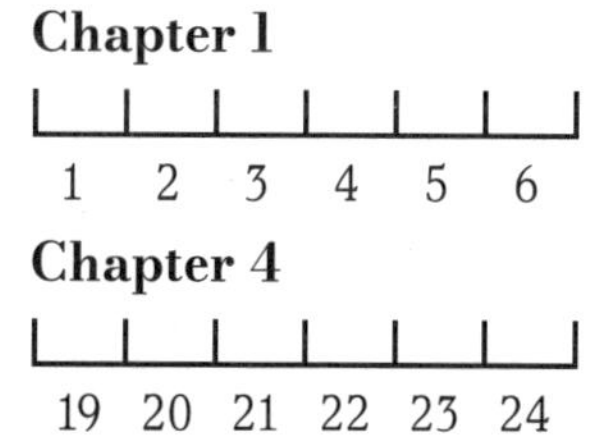

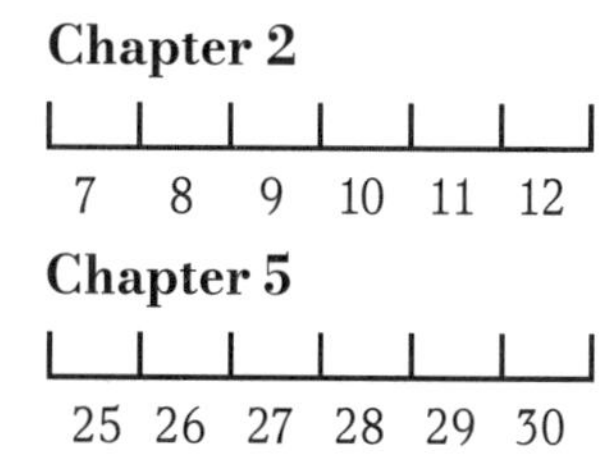

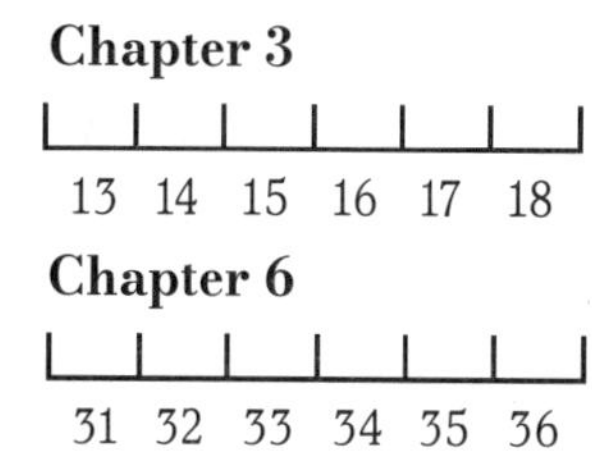

명언 완성하기

여섯 글자 단어를 찾으면 그 밑에 숫자가 보일 것이다. 이에 해당하는 글자를 아래 명언 칸에 옮겨 적는다. 셜록 홈즈의 명언은 "내 오랜 좌우명은 …라네"의 형식이다.

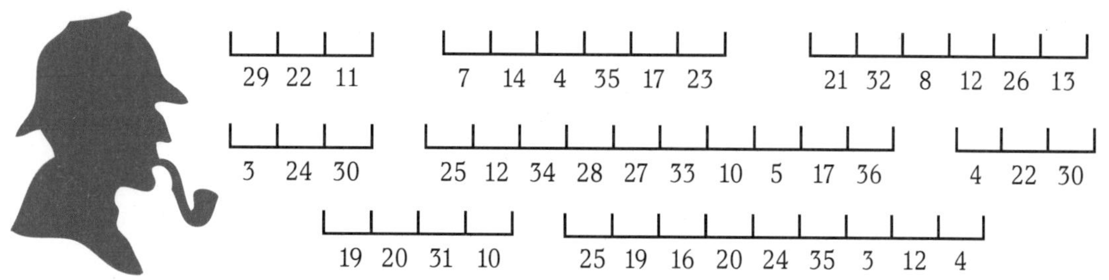

◆ 〈정답〉 마자랭의 보석

1. 4번 실루엣. 다른 점: 1. 파이프를 든 팔이 더 짧다 2. 안락의자의 상단 3. 아래쪽 다리 자세 5. 머리 기울기 6. 파이프를 든 팔이 더 수직이다 7. 발끝이 위를 향한다. **지도의 6번으로 간다.**

2. 수갑 10개. 두 개를 제외한 모든 수갑이 연결되어 있다. **지도의 24번으로 간다.**

3. 이 구역에는 흰색 점 3개와 검은색 점 3개가 있어야 한다. 각 구역별로 흰색 점과 검은색 점이 0~6개 있는데, 3개씩 있는 곳만 빠져 있다. 양산을 시계방향으로 돌리면 흰색 점의 개수가 한 구역 건너 한 개씩 증가한다. 검은색 점에도 똑같은 규칙이 적용되는데 반시계 방향으로 한 개씩 증가한다. **지도의 8번으로 간다.**

4. SALOON 승용차다. SALMON 연어(또는 희귀한 단어인 SALOOP살렙)로만 변할 수 있는데, 둘 다 도구가 아니다. 다른 단어들은 이렇게 변한다. HAMPER 장애물 – HAMMER 망치, TRENCH 도랑 –WRENCH 렌치, BUTTER 버터 – CUTTER 절단기, MULLET 숭어 – MALLET 나무망치, SWEARS 맹세 – SHEARS 전지가위, SCALPED 전리품 – SCALPEL 수술용 메스, CHAMP 챔피언 – CLAMP 죔쇠, SHADE 그늘 – SPADE 삽, BRASH 자신만만한 – BRUSH 솔. **지도의 13번으로 간다.**

5. 위쪽 삼각형: 1. 아래쪽 삼각형: 10. 기다란 삼각형과 바로 위에 붙은 삼각형의 숫자를 더하면 각각 15가 된다. 윗줄에서 아래를 향한 작은 삼각형은 양옆에 붙은 두 삼각형(위를 향한) 숫자의 차이와 같다. **지도의 2번으로 간다.**

6. 왓슨은 과학 도표, 화학 약품이 놓인 선반, 바이올린 케이스, 석탄 통을 둘러보았다. **지도의 23번으로 간다.**

W	A	T	S	O	N		L	O	O	K	E	D		R	O	U	N	D		A	T		T	H
E		S	C	I	E	N	T	I	F	I	C		C	H	A	R	T	S		T	H	E		B
E	N	C	H		O	F		C	H	E	M	I	C	A	L	S		T	H	E		V	I	O
L	I	N	-	C	A	S	E		T	H	E		C	O	A	L	-	S	C	U	T	T	L	E

7. 셜록은 4번을 미행했다.
1번은 아니다, 남자이지만 모자를 쓰고 있지 않다.
2번은 아니다, 여자이지만 아무것도 들고 있지 않다.
6번은 아니다, 모자를 들고 있지만 꽃을 들고 있지 않다.
3번은 아니다, 모자를 들고 있지만 지팡이를 갖고 있다.
5번은 아니다, 목걸이를 착용하고 있지만 신발이 가려져 있다.
결국 4번이 남는다. **지도의 17번으로 간다.**

8. 스페이드 3. 빨간색 카드의 수는 검은색 카드 두 장을 합친 수와 같다. 각각의 패에는 빨간색 카드, 클럽, 그리고 스페이드가 골고루 들어 있다. **지도의 15번으로 간다.**

9. 2번 연결 장치를 끼워야 한다. **지도의 11번으로 간다.**

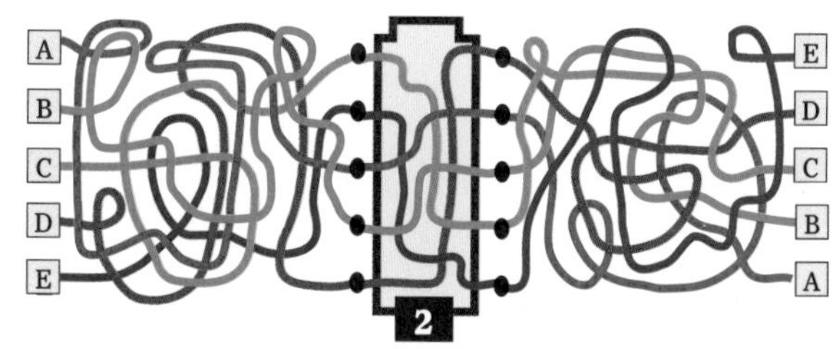

10. 54년. 형량은 장물의 값어치에 비례하기 때문에 5파운드마다 1일의 징역형이 선고된다.
1,000파운드=200일 또는 28주 4일.
1,830파운드=366일 또는 1년 1일.
2만 3,000파운드=4,600일 또는 12년(윤년일 경우 4일 추가) 30주 6일.
10만 파운드=2만 일 또는 54년(윤년일 경우 13일 추가) 39주 4일.
지도의 22번으로 간다.

11. 왓슨은 대영박물관까지 미행되었지만 사실 최종 목적지가 아니었다. 왓슨은 자신을 따라오는 사람이 있다는 것을 눈치채고 대영박물관으로 유인한 것이었다. 그곳에서 그를 쉽게 따돌린 다음 원래 목적지인 스코틀랜드 야드로 빠져나갔다. **지도의 7번으로 간다.**

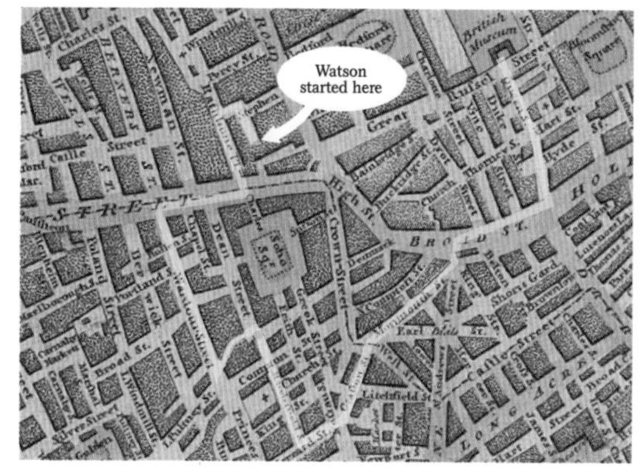

12. YOUR LORDSHIP, MY LADY BARONESS, HIS GRACIOUS HIGHNESS를 지워도 된다. **지도의 3번으로 간다.**

13. 마자랭의 보석 9만 파운드, 엘 디스토 4,500파운드, 블라인트하임 3,700파운드, 포세이돈 1,800파운드. **지도의 9번으로 간다.**

14. Sylvius실비어스 - Sam샘, Petrovitch페트로비치 - Hank행크, Darius다리우스 - Ned네드, Greystone그레이스톤 - Bert버트, Jackwort잭워트 - Eddy에디, Harvey하비 - Ian이안, Angelini안젤리니 - Gus거스. 부하들의 첫 글자를 모으면 BEING라는 단어가 된다. **지도의 21번으로 간다.**

15. PRISON 감옥

Wealth 부	Poverty 빈곤
Dated 구식의	Recent 최근의
Outside 외부	Inside 내부
Failure 실패	Success 성공
Mandatory 강제적인	Optional 선택의
Clad 옷을 입은	Naked 벌거벗은

지도의 10번으로 간다.

16. PRECIOUS 귀중한. **지도의 5번으로 간다.**

17. 왼쪽: 캔틀미어 경. 홈즈가 실패할 것이라고 확신한다.
가운데: 수상. 홈즈가 성공할 것이라고 확신한다.
오른쪽: 내무부 장관. 홈즈의 성공을 확신하지 못한다.
오른쪽에 있는 신사는 수상을 언급하고 있기 때문에 수상과 이야기하는 것이 아니다. 또한 내무부 장관과 이야기하는 것도 아니다. 왜냐하면 내무부 장관은 홈즈의 성공이 확실하지 않다고 한 반면에, 이 신사가 얘기하는 사람은 실패할 것이라고 확신하기 때문이다. 그러므로 오른쪽 신사는 캔틀미어 경과 얘기하고 있다(따라서 캔틀미어 경은 홈즈가 실패할 것이라고 확신한다). 오른쪽에 있는 신사는 수상도 경도 아니므로 내무부 장관일 수밖에 없다. 왼쪽에 있는 신사는 내무부 장관(홈즈에게 의구심을 품고 있고 오른쪽에 있는 사람)에게 이야기하고 있지 않기 때문에 가운데에 있는 사람, 즉 홈즈가 성공할 것이라고 생각하는 사람과 이야기하고 있다. 이 사람은 홈즈가 실패할 것이라고 생각하는 캔틀미어 경일 수 없고 또한 의구심이 있는 내무부 장관일 수 없기 때문에 수상일 수밖에 없고, 가운데에 있다. 따라서 캔틀미어 경은 왼쪽에 있는 사람이 된다. **지도의 20번으로 간다.**

18. 이스트 사이더스 7명, 채플 갱 3명, 더 그레이츠 9명, 사비스 2명, 보시 지스 5명, 피스티 키즈 8명, 크레이지 카터스 4명, 티니 어글리즈 10명, 켈요니언스 6명. **지도의 19번으로 간다.**

19. COME BACK WITH THE POLICE 경찰과 함께 돌아오시오.
암호의 열쇠는 주소의 번지수에 있다. 첫 번째 메시지에는 136이 있다. 이는 첫 번째 글자가 알파벳에서 한 글자 이동한 글자로 대체되고, 두 번째 글자는 세 글자 이동한 글자로, 세 번째 글자는 여섯 글자 이동한 글자로 대체된다는 것을 의미한다. 따라서 Z+1=A, A+3=D, X+6=D이고 메시지 끝까지 이 방식이 반복된다. 두 번째 메시지는 앞에 35가 있으므로 첫 번째 글자는 세 글자 이동한 글자로 대체되고, 두 번째 글자는 다섯 글자 이동한 글자로 대체되는 것이 끝까지 반복된다. 즉 Z+3=C, J+5=O, J+3=M, Z+5=E 등이다. 다음 목적지의 단서: TERMS OF ADDRESS 경칭. **지도의 12번으로 간다.**

20. HENCHMEN 심복. 다른 글자 묶음: BEARD 턱수염, WHISKERS 구레나룻, SIDEBURNS 짧은 구레나룻, STUBBLE 짧은 수염, GOATEE 염소수염. **지도의 14번으로 간다.**

21. 9번이 홀로 있다. 똑같은 한 쌍은 1-15, 2-6, 3-13, 4-12, 5-7, 8-10, 11-14이다.
지도의 18번으로 간다.

22. ACTION 액션. **지도의 16번으로 간다.**

	B	E	R	L	I	O	Z				
	R							P		B	
	A		G	L	I	**N**	K	A		I	
	H							G		Z	
	M					Y	S	A	Y	E	
	S		M					N		**T**	
		C	**O**	R	E	L	L	I			
	L	■	Z					N		E	
V	I	V	A	L	D	**I**		I		L	
	S		R							G	
	Z		T							A	
	T			S	**C**	H	U	B	E	R	T

23. 1. 이스트 스타 2. 옐로 엠프레스 3. 칼로프 4. 마자랭의 보석
이스트 스타는 1 또는 2이므로 3이 될 수 없으며, 이는 2가 옐로 엠프레스라는 의미이다. 따라서 이스트 스타는 2가 아니고, 이는 1은 이스트 스타이고 4는 칼로프가 아니라는 의미이다. 칼로프는 4가 아니기 때문에 3이 되고, 마자랭의 보석은 4가 된다. **지도의 4번으로 간다.**

24. 정육면체들이 만든 단어는 SUCCESS 성공이다.
오른쪽 그림은 정육면체 중 하나를 펼친 전개도이다. 한 면에 있는 글자 위치와 인접한 면에 있는 글자 위치를 비교해봄으로써, 정육면체 형태를 구상할 수 있다.

	N	
U	E	C
	S	
	O	

〈정답〉 등나무 저택

1. PLEASE ARRANGE YOUR THOUGHTS COMMA AND LET ME KNOW WHAT EVENTS HAVE SENT YOU HERE STOP. 생각을 정리하고, 여기를 찾아오게 된 사건이 무엇인지 설명해주세요.
AND 앞에 BL을 붙이면 BLAND 평범한이 된다. **지도의 10번으로 간다.**

2. 월요일에는 같은 종류의 꽃 네 송이와 파란색 꽃이 적어도 한 송이 있어야 하므로 4번이다. 화요일에는 파란색 꽃이 적어도 한 송이, 노란색 꽃이 세 송이 이상 있어야 하므로 4번 또는 1번이다. 하지만 4번은 월요일이기 때문에 1번이다. 수요일에는 같은 종류의 꽃이 네 송이 있고 세 가지 이상의 다른 꽃이 있는 3번이다. 목요일에는 노란색 꽃이 세 송이 있는 5번이다. 금요일에는 흰색 꽃이 두 송이 있는 2번이다. **지도의 16번으로 간다.**

3. 헨더슨 씨 55세, 버넷 선생님 44세, 루카스 씨 35세, 엘리자 11세, 글래디스 9세.
버넷 선생님(B)의 나이는 2년 전 글래디스(G)의 나이보다 여섯 배 많았으므로, B-2=6(G-2), 또는 B=6(G-2)+2이다. 버넷 선생님은 엘리자의 나이보다 네 배 많은데, 엘리자가 글래디스보다 두 살 더 많으므로, B=4(G+2)이다. 이제 6(G-2)+2=4(G+2)임을 알 수 있고 G=9가 된다. 그러므로 글래디스는 9세, 엘리자는 11세, 버넷 선생님은 44세이다. 루카스 씨는 B-G(44-9)세, 그리고 헨더슨 씨는 L+E+G(35+11+9)세이다. **지도의 23번으로 간다.**

4. BY THE TIME YOU DECIPHER THIS, HOLMES, I WILL BE FAR AWAY ENJOYING MY ILL-GOTTEN FORTUNE. 당신이 이것을 해독할 때쯤, 홈즈, 난 아주 먼 곳으로 가서 부정하게 쌓은 내 재산을 즐기고 있을 거야. 모든 연속된 한 쌍의 글자를 단순히 앞뒤 순서만 바꾸어서 암호처럼 보이게 했다. YB=BY, YB HTT E=BY THE T. 원문에 있는 단어 사이의 공백은 변하지 않는다. AMSNOIN: MANSION. **지도의 11번으로 간다.**

5. HYENA 하이에나, SHARK 상어, EAGLE 독수리. 모음이 들어가면 POLICEMEN 경찰이 된다. **지도의 20번으로 간다.**

W	**H**	I	**S**	P	**E**	R
P	**Y**	T	**H**	I	**A**	N
D	**E**	R	**A**	N	**G**	E
A	**N**	G	**R**	I	**L**	Y
T	**A**	C	**K**	L	**E**	R

6. 6개의 뼈를 치워야 한다. **지도의 18번으로 간다.**

7. 버넷 선생님은 오후 12시 10분 기차에 탔다. 기차가 24시간 내에서 일정한 간격으로 운행되려면 4시간 45분마다 와야 한다. 따라서 배차 시간은 12시 25분 - 5시 10분 - 9시 55분 - 2시 40분 - 7시 25분 - 12시 10분이다. 이 시간대가 오전인지 오후인지에 대해서는 '낮'에 사건이 일어났다고 말하는 경찰관의 설명을 참고해야 한다. 그러므로 오후 12시 10분이 된다.
POSEIDON 포세이돈: POISONED 중독된. **지도의 19번으로 간다.**

8. FALSE ALIBI 잘못된 알리바이. 스콧 에클스의 역할은 가르시아에게 자기도 모르게 잘못된 알리바이를 주는 것이었다.
일곱 번째 세로줄이 MAGNETISED 이끌린(MAGNETIZED의 영국식 철자)이다. **지도의 3번으로 간다.**

9. REVENGE 복수가 버넷 선생님의 마음속에 있다. 중간에 있는 단어는 TRAIN 기차이다. **지도의 7번으로 간다.**

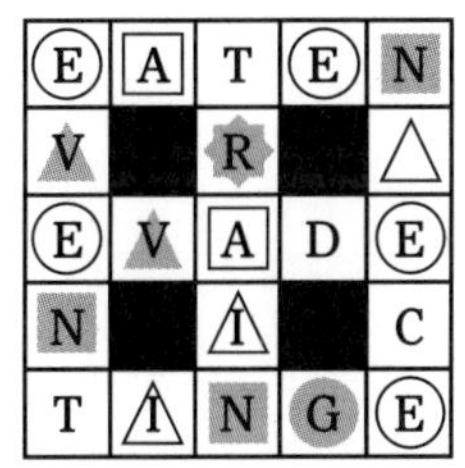

B	R	I	E	F	E	M	U	R
P	A	N	D	A	P	A	R	T
E	A	S	E	L	E	G	A	L
A	L	I	A	S	E	N	S	E
S	E	R	I	E	V	E	R	Y
T	I	B	I	A	F	T	E	R
T	I	D	A	L	A	I	T	Y
C	O	A	T	I	S	S	U	E
B	L	U	R	B	E	E	C	H
C	H	I	L	I	O	D	I	N

10. 9번 초상화. 머리카락은 14번과 같고, 눈은 4번과 같고, 코는 2번과 같고, 입은 3번과 같고, 턱수염은 10번과 같다. **지도의 22번으로 간다.**

11. 집주인의 이름과 집의 이름에는 반복되는 알파벳이 있다. 집주인 이름에서 반복되는 글자가 알파벳 순서상 집의 이름에서 반복되는 글자 바로 앞에 온다. 한 가지 예외는 Old Fatham Hall올드 페텀 홀에 사는 Clive Hammersmith클라이브 해머스미스 경인데, 집의 이름에서 반복되는 글자가 알파벳 순서상 집주인 이름에서 반복되는 글자보다 앞에 온다. **지도의 21번으로 간다.**

12. JACKAL 재칼. **지도의 2번으로 간다.**

13. 1. 아니다. 등나무 저택에서 아침 식사 전에 떠났던 모든 사람들은 외국인이었지만, 다른 곳에 사는 사람들이 반드시 외국인들은 아니다.
2. 아니다. 모든 외국인들은 수상한 사람들이지만, 모든 수상한 사람들이 외국인들은 아니다.
3. 아니다. 등나무 저택에 사는 모든 사람들이 아침 식사 전에 사라졌지만, 등나무 저택에 살지 않는 사람들도 아침 식사 전에 사라질 수 있다.
4. 그렇다. 등나무 저택에 사는 모든 사람들이 아침 식사 전에 사라졌고, 아침 식사 전에 사라졌던 사람들은 외국인들이고, 모든 외국인들은 수상한 사람들이다.
지도의 4번으로 간다.

14. 12가지 다른 방법이 있다. V-O-O-D를 쓰는 방법은 여섯 가지이고, 각각의 D에서 D-O-O를 쓰는 방법은 두 가지다. **지도의 24번으로 간다.**

〈정답〉 등나무 저택

15. PARSLEY 파슬리가 유일한 식물이다. 그 밖의 아나그램으로는 HORNET 말벌, SNAKE 뱀, TORTOISE 거북, PARROT 앵무새, POODLE 푸들이 있다. **지도의 6번으로 간다.**

16.

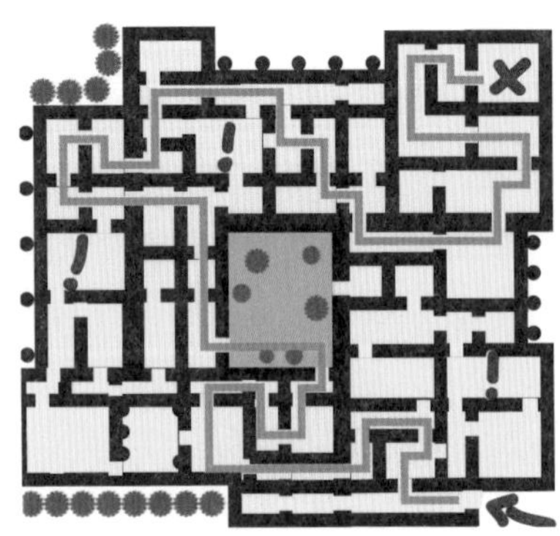

지도의 9번으로 간다.

17. 벨기에. 그의 경로는 프랑스-헝가리-러시아-스페인-우크라이나-독일-벨기에다. 이 나라들에 없는 모음은 O이다. **지도의 14번으로 간다.**

18.

Fontheim	18045
Chalders	23604
Prescot	17113
Solweazy	20966
Parchet	18237
Total	97965

지도의 8번으로 간다.

19. Mocks/chains, will/free: Who mocks his chains will not be free. 사슬을 조롱하는 자는 자유롭지 못할 것이다.

Better/free, king/bird: Better a free bird than a king in captivity. 포로가 된 왕보다 자유로운 새가 낫다.

It/captivity, in/to: It is better to work and be free than to be fed in captivity. 감금된 채 받아먹는 것보다 일하고 자유로운 것이 더 낫다.

Those/others, freedom/themselves: Those who deny freedom to others deserve it not for themselves. 다른 사람의 자유를 부정하는 사람은 자신도 자유를 누릴 자격이 없다.

They/chains, drag/free: They are not free who drag their chains behind them. 뒤에 사슬을 끌고 다니는 사람은 자유롭지 못하다.

지도의 5번으로 간다.

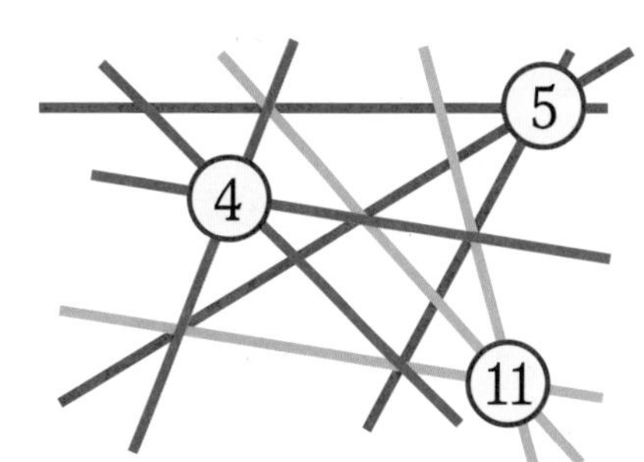

20. 경찰은 4, 5, 11번에 배치되어야 한다.
지도의 17번으로 간다.

21. E와 J 얼굴이다. **지도의 15번으로 간다.**

22. 가르시아가 불렀을 때 사실 자정 직후인 오전 12시 5분이었다. 그런데 가르시아는 오전 1시라고 말했다. 스콧 에클스의 시계는 오전 12시 10분을 가리켰다(50분 느림). 그러나 그의 시계는 (교회 시계 기준으로) 15분 빠르므로 시계는 오후 11시 55분을 가리켜야 한다. 교회 시계가 10분 늦다는 것만 빼면 스콧 에클스의 시계는 오전 12시 5분을 가리켜야 했다. **지도의 13번으로 간다.**

23. 1. 루카스 씨 2. 헨더슨 씨 3. 버넷 선생님 4. 소녀들
헨더슨 씨는 주황색 방이나 초록색 방에 있다. 헨더슨 씨가 주황색 방(1번 또는 3번)에 있다면 버넷 선생님은 창문이 세 개인 방(1번 또는 4번)에 있고, 버넷 선생님의 방에 창문이 세 개 있다면 루카스 씨의 방(1번 또는 4번)도 마찬가지다. 따라서 헨더슨 씨는 3번, 루카스 씨는 1번, 버넷 선생님은 4번, 소녀들은 2번 방에 있다. 이 방에는 남쪽으로 난 창문이 있으므로 루카스 씨는 4번 초록색 방에 있고 버넷 선생님은 1번 방에 있다. 이것은 버넷 선생님과 소녀들이 서로 옆방에 있다는 것을 의미하므로 루카스 씨는 주황색 방에 있어야 하는데, 그렇게 되지 않는다. 그러므로 헨더슨 씨는 주황색 방에 있지 않다. 헨더슨 씨가 초록색 방에 있다면 소녀들도 초록색 방(2번과 4번)에 있다. 소녀들은 2번 방(창문이 남쪽으로 나 있는 방)에 있을 수 없다. 왜냐하면 이는 루카스 씨가 초록색 방에 있는 것을 의미하는데 가능하지 않기 때문이다. 따라서 소녀들은 4번 방에 있고 헨더슨 씨는 2번 방에 있다. 그러므로 버넷 선생님과 루카스 씨가 주황색 방(1번과 3번)에 있지만, 버넷 선생님은 창문이 세 개 있는 1번 방에 있을 수 없다. 그러면 루카스 씨가 4번 방에 있게 되는데 이는 가능하지 않다. 따라서 버넷 선생님은 3번 방, 루카스 씨는 1번 방에 있다. **지도의 12번으로 간다.**

24.

잔인한 5	치명적인 2
부패한 8	유해한 6
몹시 탐내는 7	탐욕스러운 4
심술궂은 1	포악한 3

〈정답〉 제2의 얼룩

1. 1. 찬성한다. 폐지를 반대하는 사람들은 사형제를 찬성한다. 반대 운동은 그것에 반대한다. 외무부 장관은 이 운동을 비난할 수밖에 없다(규탄한다). 따라서 그는 사형제에 찬성한다.
2. 계속 진행할 수 있다. 이 프로젝트는 건전한 논쟁에 기반하고 있기 때문에 할 수 있다(실현 가능하다). 어떤 사람들은 그렇게 될지 의심한다(그들은 의문을 제기한다). 그러나 외무부 장관은 그들의 의견에 동의하지 않는다(그는 이 사람들에게 반대한다). 그가 의심하는 사람들과 의견이 다르다면, 의심하지 않는 것이 되기 때문에 이 프로젝트를 진행할 수 있다고 생각한다.
3. 약을 신뢰할 것이다. 스미스는 이 약이 안전하다는 것을 입증하기 위한 테스트에서 부정적인 결과가 나왔고 이 결과는 신뢰할 수 있다고 주장한다(단호하다). 즉 스미스는 이 약이 안전하지 않다고 생각한다. 외무부 장관은 그가 틀렸다고 생각해서 그 약이 안전하다고 생각한다. **지도의 11번으로 간다.**

2. 숫자 조합: 15463
첫 번째 더하기 문제에서 빨간색 원들은 1, 2 또는 3이 될 수 없다는 것을 알 수 있다. 더해서 4가 되는 숫자의 조합이 그만큼 다양하지 않다는 점에서 4가 될 수 없다. 중간(초록색)에 있는 두 개의 동일한 숫자가 짝수로만 합산될 수 있다는 점에서 5가 될 수 없다. 빨간색 원들은 6밖에 안 되므로 초록색 원은 3이다. 따라서 노란색 원은 2 또는 4의 짝수여야 하지만 총합은 22가 될 수 없으므로 44가 되어야 한다.
132+534=666// 12+32=44// 42+13=55. **지도의 19번으로 간다.**

3.

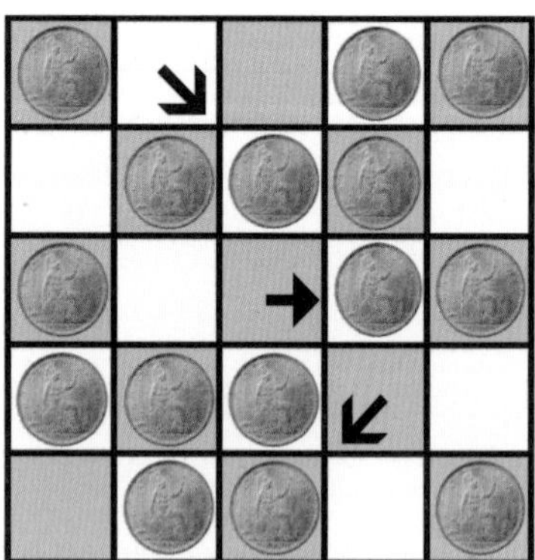

지도의 20번으로 간다.

4. 여러 가지 가능한 답 중의 하나이다.

S	I	N	G	L	E
L	E	G	I	O	N
O	B	L	I	G	E
B	O	I	L	E	D
D	O	U	B	L	E

C	L	E	V	E	R
R	E	V	E	L	S
V	E	R	S	E	D
D	E	S	E	R	T
D	R	I	E	S	T
S	U	I	T	E	D
S	T	U	P	I	D

지도의 23번으로 간다.

5. 각 숫자를 해당 로마 숫자로 대체한다. 1=I, 5=V, 10=X, 50=L, 100=C, 500=D, 1000=M. 뒤집힌 5는 뒤집은 V, 즉 A를 나타낸다. 뒤집힌 1000은 뒤집은 M, 즉 W를 나타낸다.
이 글에는 ALL CALM AMID MAD VILLA CLIMAX. LADI ILDA WILL CALL DAVID. 혼란 속 고요 매드 빌라 클라이맥스. 라디 일다가 데이비드를 부를 것이다라고 쓰여 있다. 'VILLA CLIMAX 빌라 클라이맥스'를 자신의 집에서 에두아르도 루카스를 살해한 사람으로 해석하는 사람도 있다. LADI ILDA는 분명히 힐다 부인을 지칭한다. **지도의 7번으로 간다.**

6. 루카스는 22번 객차에 있다. 이는 딕 뒤에 8개 객차, 톰 앞에 6개 객차가 있는 위치다. 해리는 33번 객차에 있다. 즉 앞에 32개의 객차가 있고 뒤에 16개의 객차가 있는 위치다. 딕은 13번 객차에 있다. 즉 앞에 12개의 객차가 있고 뒤에 36개의 객차가 있는 위치다. 톰은 29번 객차에 있다. 13번과 33번 객차 사이에는 19개의 객차가 있기 때문에 딕과 톰 사이에는 15개의 객차가 있고, 톰과 해리 사이에는 3개의 객차가 있다. **지도의 9번으로 간다.**

7. 6번과 9번 열쇠. **지도의 15번으로 간다.**

8. 13, 31, 32번 우표. **지도의 13번으로 간다.**

9. 하인의 시계와 탁상시계는 하인이 진실을 말하고 있는지 셜록이 확인하는 데 도움이 되지만, 문제 해결에 꼭 필요한 것은 아니다. 하인은 자신의 시계를 오전 10시 정각에 맞추었는데, 그가 집에 들어왔을 때 자정이 지난 20분을 가리키고 있었다. 그러므로 그의 시계에 따르면 오전 10시 이후 14시간 20분이 경과했다. 매시간 그의 시계는 2분씩 빨라졌기 때문에 실제 시간은 그의 시계보다 28분, 거의 29분이 빠르다. 결국 하인은 오후 11시 52분에 범죄 현장에 도착한 것이다(실제로 시계가 가리키는 시각은 12시 44분에서 12시 45분 사이이다). **지도의 4번으로 간다.**

10. BLACKMAIL 협박. **지도의 5번으로 간다.**

11. 사라진 한 쌍의 기호: ♠ ⬟ 모든 한 쌍의 기호는 먼저 한 순서가 있고 그의 역순이 있다(정사각형-원/원-정사각형). 이러한 한 쌍은 반전된 색상으로도 나타난다(노란색-파란색/파란색-노란색). **지도의 17번으로 간다.**

12. 첫 번째 진술을 제외하고 모두 옳다. 호레이스는 수상의 장인이지만 힐다 부인의 삼촌은 아니다. 그는 그녀의 증조할아버지의 아들이다. **지도의 16번으로 간다.**

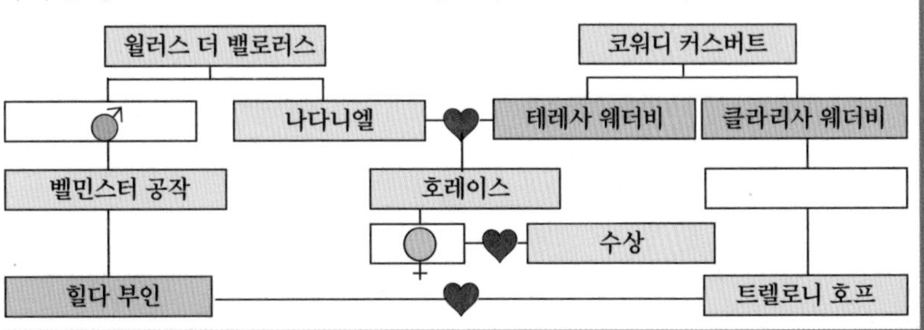

〈정답〉 제2의 얼룩

13. 한편으로는 루카스나 오버스타인이 세 사람 중 가장 나이가 많고, 다른 한편으로는 오버스타인이나 라 로티에르가 가장 나이가 많다. 따라서 오버스타인이 가장 나이가 많다. 첫 번째 진술에 따르면 오버스타인은 루카스보다 부유하지 않으며, 세 번째 진술에 따르면 그는 라 로티에르보다 더 부유하다. 따라서 루카스가 가장 부유하고, 그다음으로는 오버스타인, 그리고 라 로티에르가 뒤를 잇는다. 마지막 진술에 따르면 루카스는 라 로티에르보다 나이가 많기 때문에 오버스타인이 가장 나이가 많고 그다음으로는 루카스, 그리고 라 로티에르가 뒤를 잇는다. 두 번째와 네 번째 진술을 고려하면 기자는 세 사람 중 가장 부유하지 않은 라 로티에르가 아니며, 나이가 가장 많은 오버스타인도 아니다. 그러므로 기자는 루카스다. 그는 사업가보다 어리고, 그의 손윗사람은 오버스타인밖에 없다. 따라서 오버스타인은 사업가이고, 라 로티에르는 미술상이다. **지도의 3번으로 간다.**

14. LEONARD 레오나드. 이니셜은 EA - AL - AO - LE - ND - NO - OD 순서로 표시된다. A와 O만이 세 번 나타나고, 한 번은 동시에 나타난다. A도 O도 없는 이니셜은 LE와 ND뿐이다. **지도의 10번으로 간다.**

15. 금고의 비밀번호: 12618.
어떤 한 말의 숫자보다 두 배 많은 숫자를 가진 말과 앞의 두 숫자의 합과 같은 숫자를 지닌 세 번째 말을 찾아야 한다. **지도의 18번으로 간다.**

16. THE FAIR SEX IS YOUR DEPARTMENT WATSON. WHAT DID THE LADY REALLY WANT? 공정한 성관계는 자네 전문이야 왓슨. 부인이 정말 원했던 것은 무엇이었겠나? **지도의 6번으로 간다.**

T	H	E	N	W	H	D	I
S	I	F	O	S	A	T	D
Y	X	A	I	T	E	H	T
O	E	S	R	A	L	A	D
U	E	N	T	W	E	R	Y
R	M	T	R	L	A	A	N
D	E	P	A	L	Y	W	T

17. SERBIA 세르비아. 1. SARAJEVO 사라예보 2. BERLIN 베를린 3. WARSAW 바르샤바 4. LISBON 리스본 5. MADRID 마드리드 6. TIRANA 티라나. **지도의 8번으로 간다.**

18. 총 19개의 편지 봉투가 있다. 그 중요한 편지 위로 12개, 밑으로 6개가 있다. 우표가 붙은 편지부터 시작하여 시계방향으로 돌아 다시 첫 번째 편지로 돌아오면 12개가 된다. 7개의 편지 뭉치가 남아 있고 한 편지는 다른 편지들보다 먼저 집어야 한다. 그것이 그 중요한 편지다. **지도의 24번으로 간다.**

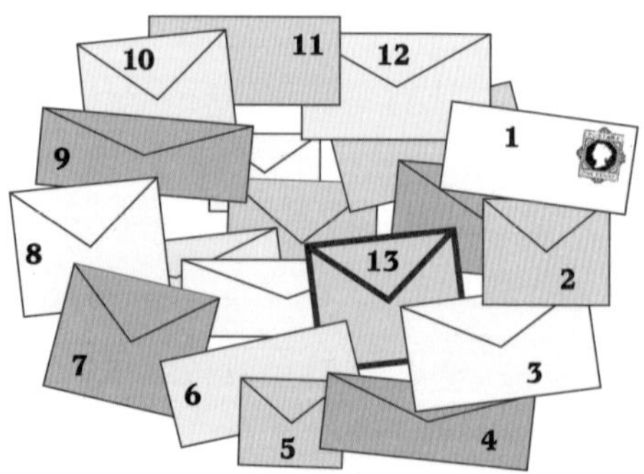

19. 1. 목요일 2. 금요일 3. 화요일 4. 월요일 5. 수요일

월요일 방문자는 두 사람 사이에 있고 줄무늬 옷을 입지 않았으므로 3번 아니면 4번이다. 수요일 방문자는 그녀 옆에 있고 한쪽 끝에 있으므로 5번이다. 따라서 월요일 방문자는 4번, 화요일 방문자는 3번이다. 목요일 방문자는 줄무늬 옷을 입은 사람 옆에 있으므로 1번이고, 결국 금요일 방문자는 2번이 된다. **지도의 21번으로 간다.**

20. 작은 단검이다. **지도의 12번으로 간다.**

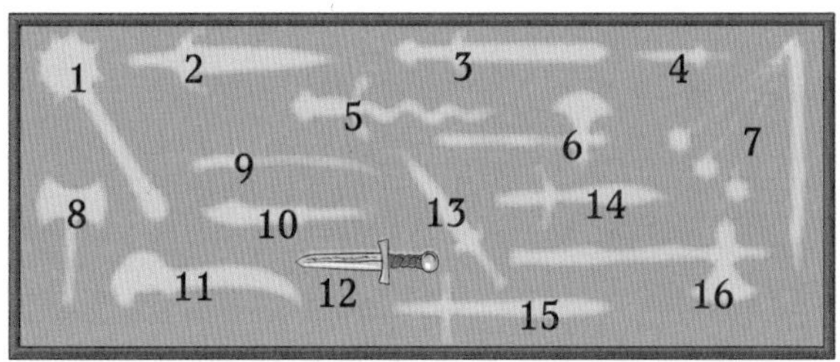

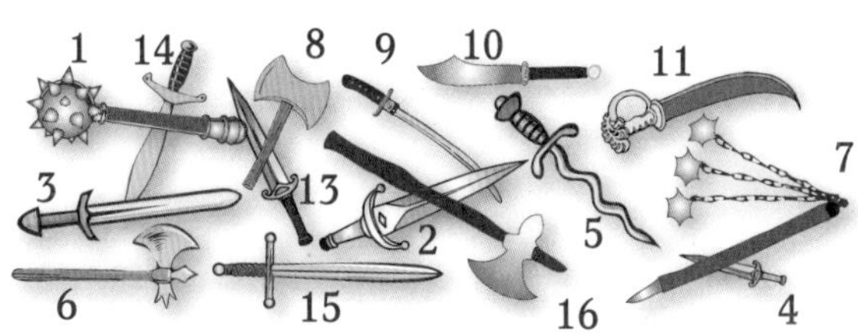

21.

T	O	W	E	R
A	■	O	■	E
P	A	R	T	S
E	■	D	■	T
R	A	S	P	S

A	M	P	L	E
D	■	A	■	A
M	E	R	I	T
I	■	K	■	E
T	R	A	I	N

지도의 14번으로 간다.

22. 지도의 2번으로 간다.

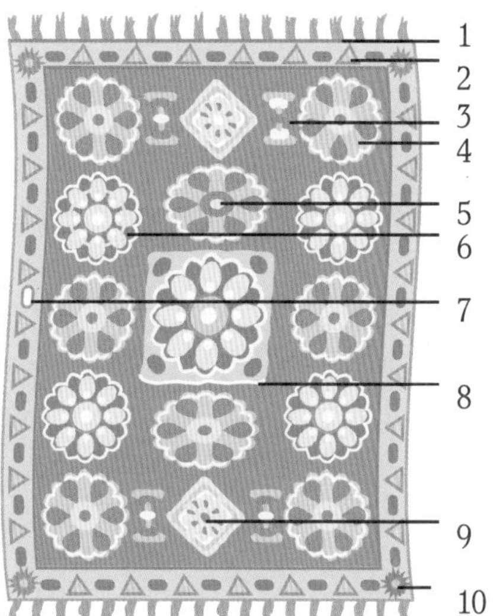

23. 1. 옳다

2. 옳다

3. 옳다

4. 그르다(모든 테너 가수는 질투하고, 질투하는 사람들은 거짓말쟁이다)

5. 옳다

6. 그르다(모든 스파이는 불성실하다)

지도의 22번으로 간다.

24. THE LETTER WAS FOUND BECAUSE IT WAS NEVER LOST. 그 편지가 발견된 이유는 잃어버린 적이 없었기 때문이었다.

	T	H	E	■	L	E	T	T	E	R	■	W	A	S	■
F	O	U	N	D	■	B	E	C	A	U	S	E	■	I	T
W	A	S	■	N	E	V	E	R	■	L	O	S	T	■	■

〈정답〉 라이기트의 수수께끼

1. 각 카드가 어울리지 않는 한 장이 되는 가능한 이유:

클럽 2: 이 카드의 숫자만 소수이다(퀸 카드도 숫자가 있는 것으로 보는데 일반적으로 12이다). 차선의 답으로 이 카드의 숫자만 유일하게 6 미만이라는 것도 된다(그러나 이런 식의 이유는 7과 9 사이의 유일한 숫자라는 식으로 억지스러운 경향이 있다).

스페이드 6: 이 카드만 대칭이 아니다.

다이아몬드 8: 이 카드만 모양의 색상이 빨강이고, 같은 모양의 카드가 없다.

클럽 10: 이 카드만 숫자(또는 순위)가 두 자릿수이다(흠, 무척 억지스럽긴 하다).

스페이드 퀸: 이 카드만 코트카드이다.

다른 이유들도 가능하다. 단 특정 카드를 지칭하지 않고(예: 코트카드가 아니고 딱 하나 있는 스페이드) 통상적으로 칭해야 한다. **지도의 6번으로 간다.**

2.

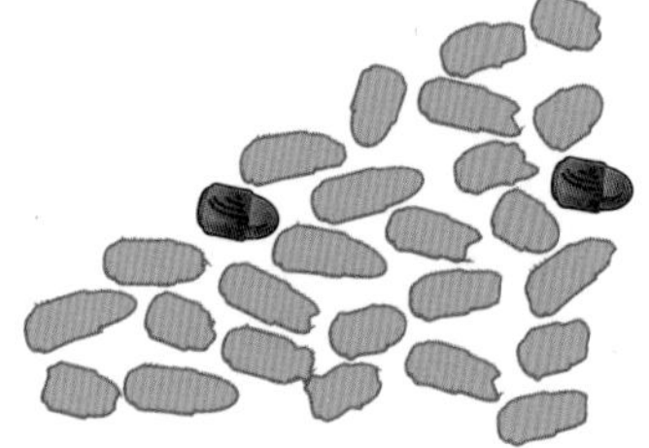

지도의 8번으로 간다.

3. 마르프라케: 1709

아쟁쿠르: 1415

트라팔가 : 1805(본문은 1895를 의미하는 듯-역자 주)

슈루즈베리: 1403

산 로마노: 1432

셜록이 지어낸 연상 어구에서 처음 두 글자가 숫자를 의미한다: NA는 0, ON은 1, TW는 2, TH는 3 등이다.

연도를 꿰고 있지 않더라도 셜록의 시대는 대부분 1로 시작하는 연도라는 것을 알 것이다. 게다가 ON으로 시작하는 단어가 처음 위치에 반복되는 것으로 추리의 가닥을 잡을 수 있다.

지도의 16번으로 간다.

4.

```
            A
E     H     S L A Y     F
X     O     S       C   E
E L I M I N A T E   R   L
C     I     S     K I L L
U     C     S       M
T   L I Q U I D A T E   G
I     D     N           A
O     E   C A R N A G E S
N           T           H
    M U R D E R E R

 S T R A N G U L A T I O N
```

지도의 2번으로 간다.

5. 24개의 벽돌이 필요하다.

지도의 9번으로 간다.

6. RESILIENT 회복 가능한. 원 안의 단어들: ENERGY 에너지, STAMINA 체력, HEALTH 건강, STURDY 튼튼한, STRONG 강한, FEISTY 혈기왕성한, ROBUST 건장한, FITNESS 신체 단련, HEARTY 영양분이 많은.

지도의 20번으로 간다.

7. 액턴 가족은 땅 8필지, 헛간 4개, 집, 연못 1개, 그리고 숲을 소유하고 있다.
이것은 두 가지 항목이 사실이고 한 가지 항목이 거짓이 되는 유일한 조합이다. 방법은 가능성을 하나씩 지우며 맞춰나가는 것이다. 만약 첫 번째 사람의 언급 중 집이 거짓이라면, 땅 7필지와 헛간 4개는 옳다. 하지만 이렇게 되면 세 번째 사람의 언급 중 두 가지 항목이 거짓이 된다. 불가능하다. 만약 첫 번째 사람의 언급 중 헛간 4개가 거짓이라면 두 번째 사람의 언급도 헛간이 거짓이 되는 동시에 필지의 수도 거짓이 된다. 그러면 한 가지 이상의 항목이 거짓이 되어버린다. 결국 첫 번째 사람의 언급 중 필지가 거짓이라는 것을 알 수 있다. **지도의 18번으로 간다.**

8. 스위치를 한 줄로 늘어놓은 후, 켜진 불은 O, 꺼진 불은 F로 나타내면 F O F F F O F가 된다. 밑줄 친 스위치 두 개를 바꾸면 F F O F F O F가 되고, 그다음은 F F F O F O F, 그다음은 F F F F O O F, 마지막으로 F F F F F F F가 되어 불이 모두 꺼진다.
지도의 11번으로 간다.

9. SWOON 기절하다, FAINT 실신하다, DIZZY 어지러운, GIDDY 아찔한, SHAKY 불안정한. **지도의 14번으로 간다.**

10. 집 이름의 첫 글자로 나타낸 동선이다. A-B-D-G, A-B-H-I, A-B-H-K, A-C-D-I, A-C-D-G, A-C-D-K, A-F-K-I, B-C-D-H, D-G-I-H, D-G-K-H, D-H-J-L, I-J-L-K 등. **지도의 3번으로 간다.**

11. 총 4가지 종류: 4, 8, 10번이 각각 다르고 나머지는 모두 동일하다. **지도의 17번으로 간다.**

12. 홈즈는 (그 시대의) 전화기를 묘사하고 있었다. 텍스트: "이 장치는 미국에서 특허받은 지 얼마 되지 않았지만, 머지않아 대부분의 가정에 보급될 것일세. 이 장치는 세 부분으로 되어 있어. 책상 위에 세워두는 몸통이 있고 한쪽 옆에 살짝 돌릴 수 있는 손잡이가 있어. 그리고 손으로 잡을 수 있는 두 부품이 있는데 이 중 하나에는 말할 수 있고 다른 하나는 귀에 갖다 대어 들을 수 있다네. 이 장치를 이용하면 매우 멀리 떨어져 있는 사람들과도 대화를 나눌 수 있어." **지도의 15번으로 간다.**

〈정답〉 라이기트의 수수께끼

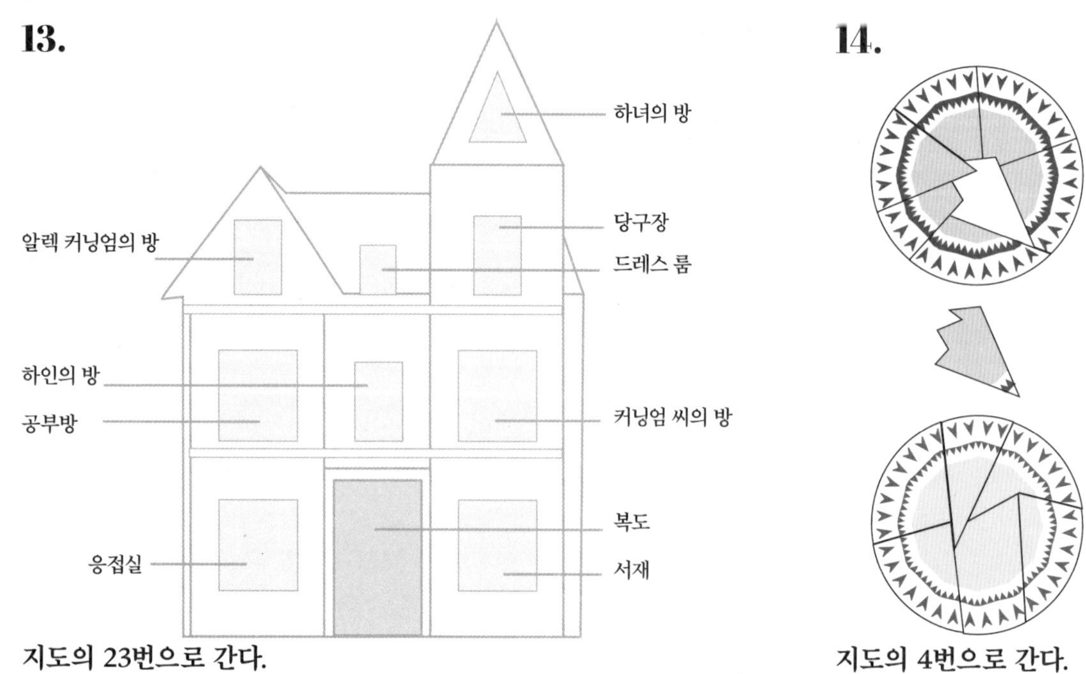

지도의 23번으로 간다.

지도의 4번으로 간다.

15. 의미가 연관되지 않은 한 단어: FAMILY 가족. 그 밖의 단어: APPOINTMENT 약속, ASSEMBLY 집회, ASSOCIATION 협회, AUDIENCE 청중, CAUCUS 전당대회, CONCLAVE 비밀회의, CONFERENCE 회견, CONGREGATION 집회, CONGRESS 의회, CONSULTATION 상담, CONVENTION 협약, COUNCIL 협의회, ENCOUNTER 마주하다, GATHERING 모임, INTERVIEW 면담, MEETING 회의, REUNION 재회, SEMINAR 세미나, SYMPOSIUM 학술토론회. **지도의 7번으로 간다.**

16. 마부의 점수는 85점이다(파란색=10, 빨간색=18, 노란색=25). 이는 알렉 커닝엄이 본인의 주장대로 최고 점수를 받은 것이 아니라는 의미다. 왼쪽에서 세 번째 과녁은 짝수 점수가 나와야 하므로(두 개의 구역에 화살이 두 개 있으니까), 점수는 56점 또는 78점이 된다. 만약 78점이라면 파란색과 빨간색 구역의 합계는 39점이 될 것이다. 이것을 (상세한 설명은 생략하기로 함) 왼쪽에 있는 다른 두 과녁에 적용하면 불가능한 상황이 된다. 따라서 왼쪽에서 세 번째 과녁은 56점이고 파란색과 빨간색 구역의 합계가 28점이 된다. 만약 왼쪽에서 두 번째 과녁이 63점이라면 다시 불가능한 상황이 된다(63-28=35이므로 노란색 구역의 점수가 17.5점이 되는데 이는 나올 수 없는 점수이고 옆의 과녁에서도 성립할 수 없는 점수이다). 그러므로 왼쪽에서 두 번째 과녁은 78점이 되어야 하고 노란색 과녁 한가운데는 50점(78-28=50)이 되어야 하므로 노란색 구역은 각각 25점이 된다. 왼쪽에서 첫 번째 과녁은 63점(파란색+빨간색=28점, 노란색=25점)이 되고, 이는 마지막 파란색 구역의 화살=10점을 의미한다. **지도의 5번으로 간다.**

17. WRITING 쓰기.

	T	H	R	O	W	N	E	R	S	
R	A	M	P	A	R	T	I	C	L	E
J	A	V	E	L	I	N	O	C	U	T
M	A	J	E	S	T	Y	L	I	S	H
A	C	R	Y	L	I	C	E	N	C	E
A	N	C	I	E	N	T	I	T	L	E
C	A	B	B	A	G	E	N	D	A	S

지도의 22번으로 간다.

20.

지도의 12번으로 간다.

22.

지도의 19번으로 간다.

24.

18. '라이기트의 수수께끼' 책 내용을 잘 알고 있는 사람은 어렵지 않게 답을 알아냈을 것이다. 이번 사건의 범인들도 필적 전문가들을 속이기 위해 똑같은 수법을 사용했다. 두 사람이 한 단어씩 번갈아 쓴 것이다. 필적을 자세히 살펴보면, 첫 번째 단어와 한 단어씩 건너뛴 다음 단어들은 마거릿 프리즈가 썼고, 그 사이에 있는 단어들은 아드리안 버클리가 썼다는 것을 알 수 있다. 특히 그 두 이름에 공통으로 들어가는 글자들, 즉 a, e, i, r을 비교해보면 확실해진다. **지도의 21번으로 이동한다.**

19. SPASM 경련. 다른 단어들: HOSED 궁지에 몰린, CASTS 거푸집, MASTS 돛대, PAPER 종이, WIPED 지친, RIPEN 숙성하다, BEACH 해변, STACK 쌓다, SHARE 공유하다, LASER 레이저, GISTS 요지, DUSTS 먼지, DIMES10 센트, CAMPS 야영지, LIMIT 한계. **지도의 24번으로 간다.**

21. 오타가 없는 텍스트는 다음과 같다.
Dear Sir, Could we arrange to meet somewhere close to the station next week? I suggest Saturday at twelve o'clock. Would that suit you? Sincerely yours. 친애하는 선생님, 다음 주에 역 근처에서 만날 수 있을까요? 토요일 12시 어떠신지요? 괜찮으신가요? 진심을 담아. 오타가 난 글자마다 밑줄을 그으면 숨은 메시지가 드러난다: Enter by back door. Key in red jar. 뒷문으로 들어가세요. 빨간 항아리에 열쇠가 있어요. 지도 단서: 지도의 다음 목적지는 House Plans 집의 구조이다. **지도의 13번으로 간다.**

23. 하인의 이름은 맡은 역할의 마지막 세 글자로 시작되며, 하인의 성은 맡은 역할의 처음 두 글자로 시작한다. PERdita HOrn 퍼디타 혼은 HOusekeePER가정부이다, ANThony MAson앤서니 메이슨은 MAnservANT남자 하인, AIDa MAson에이다 메이슨은 MAID가정부, MANuel FOx마누엘 폭스는 FOotMAN시종이다. 그러므로 TERry POsher테리 포셔는 POrTER포터여야 한다. **지도의 10번으로 간다.**

〈정답〉 그리스어 통역사

1.

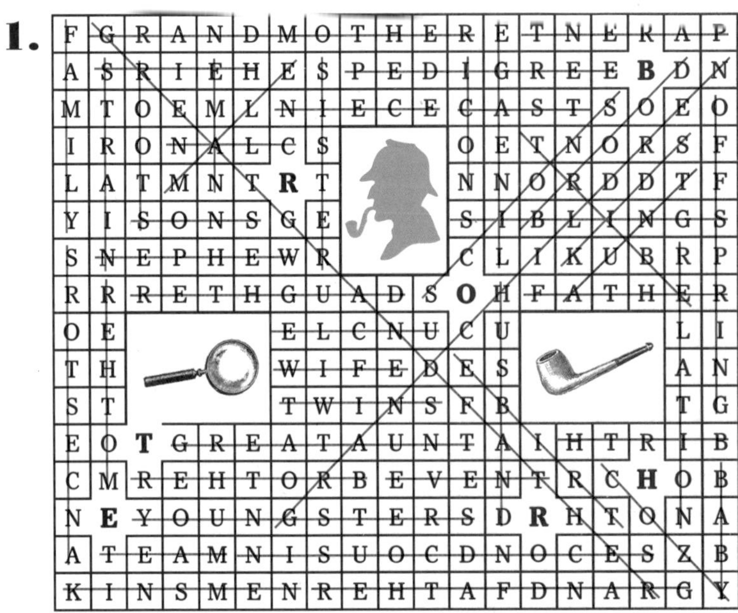

어떤 단어에도 들어가지 않은 글자를 모으면 BROTHER 형제가 된다. **지도의 18번으로 간다.**

2. 아래는 카운터들이 제자리에 들어간 상태이고 뒷면 글자들도 보인다. 홈즈의 직관에 따르면 키워드는 TRIFLE 사소한 것이다.

S+1=T, P+2=R, F+3=I, B+4=F, G+5=L, Y+6=E.

지도의 14번으로 간다.

3. 가격이 누락된 세트의 값은 £38이다.

카빙포크 = £8, 스푼 = £6, 나이프 = £5, 포크 = £4, 티스푼 = £3.

- £28 세트 + £20 세트: 카빙포크 4개 + 일반 포크 4개 = £48, 즉, 카빙포크 1개 + 포크 1개 = £12이다.
- £24 세트에서 카빙포크와 포크를 빼면(£24 - £12) 스푼 2개 = £12, 즉, 스푼 1개= £6이다.
- £20 세트에서 카빙포크와 포크를 빼면(£20 - £12) 포크 2개 = £8, 즉, 포크 1개 = £4이다.
- £28 세트에서 카빙포크와 포크를 빼면(£28 - £12) 카빙포크 2개 = £16, 즉, 카빙포크 1개 = £8이다.
- £18 세트에서 카빙포크를 빼면(£18 - £8) 나이프 2개 = £10, 즉 나이프 1개 = £5이다.
- £22 세트: 카빙포크 + 스푼 + 나이프 = £19. 즉, 티스푼 1개 = £3.

지도의 16번으로 간다.

4. 네 명의 통역사 : 3, 5, 2, 13. 그리스어 - 3 (그리스어, 프랑스어) - 5 (프랑스어, 크로아티아어) - 2 (크로아티아어, 이탈리아어) - 13 (이탈리아어, 영어) - 영어. **지도의 10번으로 간다.**

5. PLEASE SEND ALL INFORMATION CONCERNING THE GREEK CITIZEN KRATIDES TO 221B BAKER ST. 그리스 시민 크라티데스에 관한 모든 정보를 베이커 거리 221B로 보내주십시오. **지도의 23번으로 간다.**

6. 25,004야드, 또는 14마일 364야드.
바퀴는 분당 약 56회 움직였기 때문에, 56×4.7(바퀴 둘레)=분당 263.2야드를 갔다. 이동 시간은 95분이므로 95×263.2를 갔다.
지도의 13번으로 간다.

7. 젠킨스네 가게에는 12대의 한발자전거, 6대의 두발자전거, 4대의 세발자전거가 있다. M이 한발자전거, B가 두발자전거, T가 세발자전거라고 할 때 M+B=24바퀴, T=24바퀴, B+T=24바퀴임을 알 수 있다.
따라서 M=B=T=12바퀴이다. **지도의 11번으로 간다.**

8. 4번 시계. 9번은 진자가 없고, 6번은 진자가 있지만 둥글지 않다. 2번은 추가 겉으로 보이고, 3번은 시각이 다른 것과 같지 않다. 8번에는 작은 발이 달렸으며 10번에는 제조사 이름이 표시되어 있고, 1번에는 로마 숫자가 적혀 있다. 5번은 가장 키가 크고, 7번은 가장 작다. **지도의 5번으로 간다.**

9. 1. 자전거 2. 가벼운 마차 3. 손수레 4. 카트 5. 무거운 마차. 그렉슨 경위의 진술은 배리의 진술과 양립할 수 없다(무거운 마차가 마지막 순서일 수 없고 가벼운 마차가 뒤따라올 수 없다). 그렉슨 경위의 진술은 셜록 홈즈의 진술과도 양립할 수 없다(그렉슨은 두 대가 무거운 마차보다 앞에 갔다고 말하는데, 그러면 두 대가 뒤에 있어야 한다. 하지만 홈즈는 세 대가 뒤따랐다고 말한다).
따라서 그렉슨 경위가 잘못 진술한 것이다.
지도의 3번으로 간다.

10. 첫 번째 띠는 다섯 개의 동일한 구역으로 나눌 수 있다. 두 번째 띠는 각 구역마다 장식 사이의 빈 공간이 세 개 있도록 다섯 개의 구역으로 나눌 수 있다. 세 번째 띠는 각 구역에 빨간 점이 있도록 다섯 개의 구역으로 나눌 수 있다. 네 번째 띠는 각 구역에 총 열 개의 모서리를 가진 모양들이 있도록 다섯 개의 구역으로 나눌 수 있다. **지도의 6번으로 간다.**

〈정답〉 그리스어 통역사

11. 발자국 한 개는 ART의 것이다(아래 줄 왼쪽에서 두 번째). 소년의 이름은 ARTHUR 아서일 것이다. 다른 쌍에는 ALBERT 앨버트, ALFRED 앨프레드, ANDREW 앤드류, ARNOLD 아널드, ERNEST 어니스트, GEORGE 조지, HAROLD 해롤드, HUBERT 허버트, JOSEPH 조셉, MARTIN 마틴, THOMAS 토마스가 있다. **지도의 4번으로 간다.**

12. 런던의 많은 도로처럼 집 번호가 규칙적인 숫자로 매겨질 경우 가능한 답이 네 개 나온다. 1 + 2 + 3 + 4 + 5 + 6=21일 경우 점선에는 6이 들어가고 집은 7호이다. 6 + 7 + 8=21일 경우 점선에 3이 들어가고 집은 9호이다. 10 + 11=21일 경우 점선에 2가 들어가고 집은 12호이다. 그리고 21 자체일 경우 점선에 1이 들어가고 집은 22호이다(그러나 이 경우 '번호들'이라는 복수 표현과 맞지 않는다).
만약 집 번호가 한쪽은 홀수이고 다른 쪽은 짝수라면 5 + 7 + 9=21일 경우 점선에 3이 들어가고 집은 10호이다. **지도의 17번으로 간다.**

13. 5번 초상화. **지도의 22번으로 간다.**

14. 홈즈는 잭나이프를 가져왔거나 가져오지 않았다. 만약 잭나이프를 가져왔다면, 배리는 권총을 가져왔다. 따라서 왓슨은 단검을 가져오지 않았다(이는 배리가 곤봉을 가져왔음을 의미하기 때문이다). 그러므로 왓슨은 곤봉을 가져왔고 경위는 단검을 가져왔다. 하지만 모순이 생긴다. 만약 조사관이 단검을 가져왔다면 왓슨은 잭나이프를 가지고 왔어야 했지만 곤봉을 가져왔기 때문이다. 따라서 홈즈는 잭나이프를 가져오지 않았고, 이는 왓슨이 단검을 가져왔다는 뜻이다. 만약 경위가 단검을 가져오고 배리가 곤봉을 가져왔다면, 경위가 잭나이프를 가져오고 홈즈는 권총을 가져온 것이 된다. **지도의 20번으로 간다.**

15. Mycroft would rather be considered wrong than take the trouble to prove himself right. 마이크로프트는 자신이 옳다는 것을 증명하기 위한 수고를 치르는 것보다 차라리 틀린 것으로 간주되는 편을 택한다. **지도의 7번으로 간다.**

16. 영국 작가들은 초록색, 로마 작가들은 빨간색, 그리스 작가들은 노란색 책으로 제본이 되어 있다. 그런데 영국 시인 셸리의 책이 노란색으로 제본되었다. 홈즈가 1마일 밖에서도 알아볼 수 있는 실수이다. **지도의 24번으로 간다.**

17. DAHLIA 달리아. 다른 꽃들: LUPIN 루핀, IRIS 아이리스, DAISY 데이지, HEATHER 헤더, ASTER 아스타(과꽃), ANEMONE아네모네. **지도의 2번으로 간다.**

18. 왼쪽에서 오른쪽으로: 바톨로뮤, 타드데우스, 마이크로프트, 오베디아, 루벤, 에녹.
"루벤의 오른쪽에"라는 말은 루벤의 입장에서 오른쪽에 있음을 의미하며, 이는 루벤을 바라보는 (우리의) 입장에서는 왼쪽임을 의미한다. 반대로 오른쪽 더 먼 곳의 의미는 바라보는 (우리의) 입장에서 오른쪽으로 더 먼 곳이란 의미다. **지도의 21번으로 간다.**

19. **HAM**STER 햄스터 - **CLA**RIFY 명확하게 하다 - DE**CLA**RE 선언하다 - **HAM**LETS 햄릿 - **HAM**MERS 망치 - C**HAM**BER 회의실 - **CLA**WING 동물의 발톱 - **CLA**NGER 큰 실수 - S**HAM**BLE 어기적거리다 - E**CLA**IRS 에클레어. **지도의 8번으로 간다.**

20.

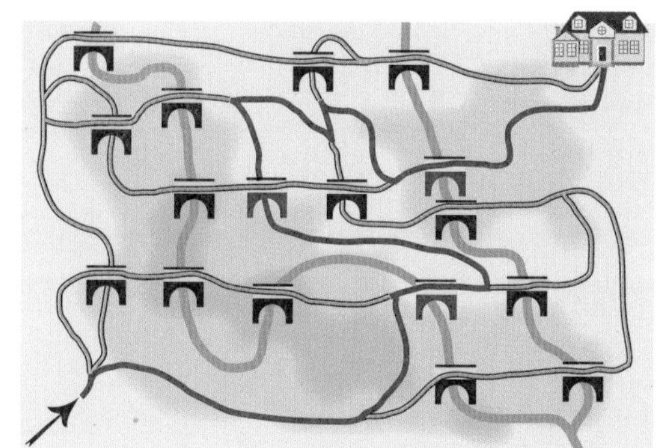

지도의 9번으로 간다.

21. 클럽 9. **지도의 15번으로 간다.**

22. 숨은 메시지: My name is Paul Kratides. 제 이름은 폴 크라티데스입니다.
누락된 글자: no a**M**ount of miser**Y** ca**N** m**A**ke **M**e agre**E** to the**I**r devili**S**h **P**lans.
wh**A**tever they make me s**U**ffer, I shal**L** resist, **K**nowing pe**R**fectly well th**A**t **T**hey are ruthless indiv**I**duals an**D** that th**E**y may **S**lay me. Map clue: **N**obody **I**s **N**egotiating, not **E**ven **T**he **E**xtremely **E**nvious **N**oblemen. 아무리 비참해도 그들의 사악한 계획에 동의할 수는 없다. 그들이 나를 괴롭히는 것이 무엇이든 나는 저항할 것이다. 그들은 무자비한 자이며 나를 죽일 수 있다는 것을 똑똑히 알고 있기 때문이다. 지도 단서: Nobody Is Negotiating, not Even The Extremely Envious Noblemen. **지도의 19번으로 간다.**

23. 소피라는 한 그리스 소녀가 영국을 방문하는데 / 해롤드라는 이 남자가 자기와 함께 달아나자고 설득한다. / 그러자 그녀의 오빠가 그리스에서 건너오는데 / 그 청년과 일당의 술수에 / 즉시 걸려든다. / 그들은 폭력을 써서 / 소녀의 재산을 자기들에게 넘기겠다는 내용의 서류에 서명하라고 한다. / 그가 거절하자 / 그와 협상하기 위해서 / 통역사가 필요했고 멜라스 씨를 선택한 것이다. **지도의 12번으로 간다.**

24. SOPHY HAS TAKEN HER REVENGE. 소피는 복수를 했다. 첫 번째 글자인 S는 위에서부터 반시계 방향으로 돌 때 나오는 첫 번째 S이며 그다음에도 역시 메시지를 반시계 방향으로 돌며 메시지를 읽는다.

〈정답〉 브루스-파팅턴호 설계도

1. 1. E 9시 55분 2. C 10시 09분 3. A 10시 34분 4. F 10시 57분 5. B 11시 10분 6. D 11시 23분. **지도의 14번으로 간다.**

2. 벨트는 아래로 이동한다. **지도의 7번으로 간다.**

3. 왼쪽 아래에 있는 정육면체가 다르다. 오른쪽 위와 왼쪽 위에 있는 정육면체를 보면, 파란색 백합 문양이 초록색 기호(여기에도 백합 문양의 축소판이 들어 있음) 쪽을 향하고 있다. 그런데 왼쪽 아래 정육면체의 파란색 백합 문양은 이 초록색 기호를 가리키지 않고 평행하다. **지도의 22번으로 간다.**

4. **지도의 19번으로 간다.**

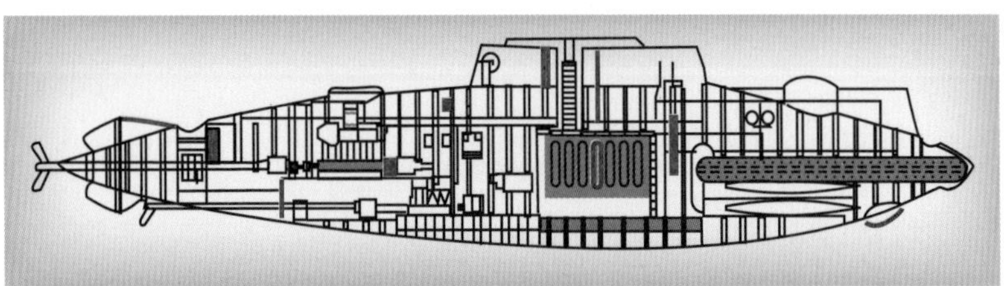

5. 44, 30, 그리고 21. **지도의 2번으로 간다.**

6. BRIGHT/DARK 밝은/어두운, CLEVER/STUPID 영리한/어리석은, UNFAITHFUL/LOYAL 불성실한/충실한, CAUTIOUS/CARELESS 신중한/조심성 없는, DECEITFUL/SINCERE 기만적인/진실한, TENACIOUS/IRRESOLUTE 결연한/우유부단한. MESPIGSENEONGERS: MESSENGER PIGEONS 전령사 비둘기. **지도의 9번으로 간다.**

7. 순서: A-F-H-B-I-D-G-C-E. **지도의 20번으로 간다.**

8. 관련 없는 의미의 한 단어: CLASSIFIED 분류된. 비슷한 의미의 단어들: CASTAWAY 표류자, DESERTED 버려진, DISCARDED 폐기된, DITCHED 탈선한, DROPPED 탈락한, ESTRANGED 소원해진, FORGOTTEN 잊혀진, FORSAKEN 고독한, JILTED 버려진, NEGLECTED 방치된, OSTRACIZED 외면당한, REJECTED 거절당한, REPUDIATED 거부된, STRANDED 고립된. **지도의 5번으로 간다.**

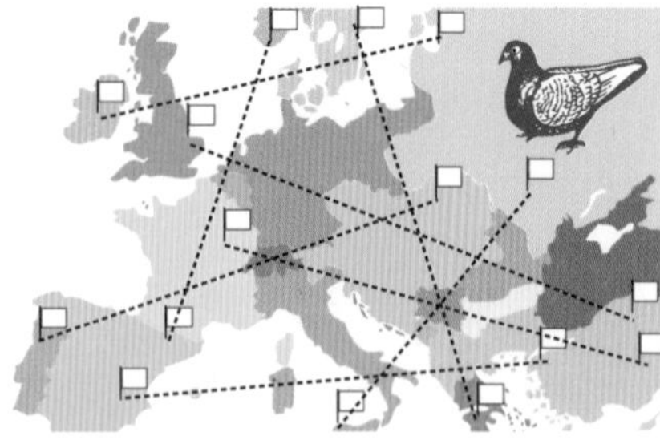

9. 가장 많이 다닌 교차로는 오른쪽 아래의 작고 초록색으로 칠해진 나라(세르비아)이다. **지도의 17번으로 간다.**

10. It is fortunate for this community that I am not a criminal (Sherlock Holmes in "The Bruce-Partington Plans").

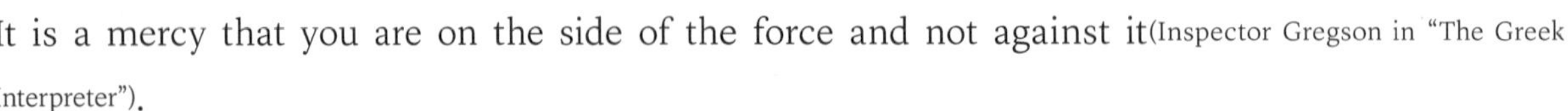

It is a mercy that you are on the side of the force and not against it(Inspector Gregson in "The Greek Interpreter").

내가 범죄자가 아니라는 것은 이 사회에 정말 다행스러운 일이야('브루스-파팅턴호 설계도'에서 셜록 홈즈). 홈즈 탐정님이 적이 아니라 우리 경찰 편이라는 게 얼마나 감사한지 모릅니다('그리스어 통역사'에서 그렉슨 경위). **지도의 21번으로 간다.**

11. 스트릭랜드 씨, 프리몬트 씨, 트러스트 씨, 클라렌스 씨, 그리고 온사이트 부인의 열쇠를 사용한다. **지도의 15번으로 간다.**

12. 단어에서 겹치는 글자를 모두 순서대로 배열하면 숨어 있는 메시지가 나온다. 첫 번째 메시지: 4시에 오시오(acceptance 수용 - too 너무 - imminent 임박한 - foresee 예측하다 - Isaacs 아이작 - omitted 누락시켰다 - unaffordable 너무 비싼 - goods 상품 - vacuum 진공 - override 오버라이드). 두 번째 메시지: 집에서 봅시다(Jimmy 지미 - Green 그린 - week's 주 - attractive 매력적인 - skiing 스키타기 - planning 계획 세우기 - offer 제안하다 - full 완전한 - bazaar 바자회 - little 거의 없는). **지도의 24번으로 간다.**

13. 램프 £7, 나무망치 £3, 끌 £5, 권총 £18. **지도의 23번으로 간다.**

14. 양쪽에 다 있는 단어: LASSUS.
왼쪽 그리드: ARSANTIQUA, BAROQUE, BASS, CANON, CHOIR, EARTHLY, GREGORIAN, JOSQUIN, LASSUS, MACHAUT, MADRIGAL, MODES, MOTET, PALESTRINA, PIPES, QUEEN, RECORDER, RONDEAU, SACRED, VOCAL.
오른쪽 그리드: ARSNOVA, CANTICLES, DULCIMER, INSTRUMENTAL, LASSUS, LUTE, OCTAVE, ORGANUM, PIPES, PLAINCHANT, POLYPHONIC, SECULAR, SONG, TROUBADORS, TROUVERE, VICTORIA. **지도의 10번으로 간다.**

P	I	P	E	S	B	X	X
X	M	A	C	H	A	U	T
L	Y	L	H	T	R	A	E
U	A	E	D	N	O	R	T
G	R	S	X	E	Q	E	O
R	S	T	S	E	U	D	M
E	A	R	X	U	E	R	X
G	N	I	U	Q	S	O	J
O	T	N	O	N	A	C	S
R	I	A	M	O	D	E	S
I	Q	C	H	O	I	R	A
A	U	L	A	C	O	V	B
N	A	D	E	R	C	A	S
M	A	D	R	I	G	A	L

A	R	S	N	O	V	A	I
S	X	R	C	V	P	X	N
O	T	U	A	I	O	T	S
N	R	O	N	C	L	N	T
G	O	D	T	T	Y	A	R
X	U	A	I	O	P	H	U
R	V	B	C	R	H	C	M
E	E	U	L	I	O	N	E
M	R	O	E	A	N	I	N
I	E	R	S	X	I	A	T
C	E	T	U	L	C	L	A
L	A	S	S	U	S	P	L
U	M	U	N	A	G	R	O
D	S	E	C	U	L	A	R

15. 왼쪽에서 오른쪽으로: 세르지오 말라비스타, 아돌프 마이어, 휴고 오버스타인, 표트르 볼로비치, 루이라 로티에르. **지도의 8번으로 간다.**

16. DON'T OPEN. POISONED. 열지 마시오. 유독물질. **지도의 3번으로 간다.**

P	O	D	O
O	I	S	P
E	O	N	N
E	T	N	D

17. 왼쪽에서 오른쪽으로 가장 가벼운 것부터 무거운 순이다. 저울을 서로 '겹쳐'보고 양쪽 저울에 같은 색의 병이 있으면 내린다. 이런 식으로 모든 병의 상대적인 무게를 연달아 설정한다. **지도의 12번으로 간다.**

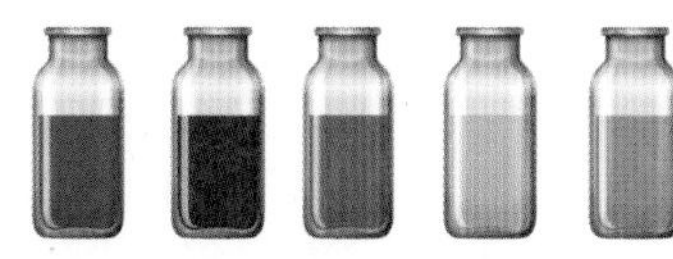

〈정답〉 브루스-파팅턴호 설계도

18. A. 일치하지 않는다. 상급 직원만 선로와 객차 문을 여는 열쇠에 접근할 수 있지만, 시체를 옮길 만큼 강하지 않다.

B. 일치하지 않는다. 혈흔이 없다는 것은 시체가 옮겨졌거나 범죄가 더 일찍 일어났다는 것을 의미한다. 그러나 위 A에서의 이유로 시체가 옮겨졌을 수는 없다. 상급 직원만 접근할 수 있는데 그들은 시체를 옮길 만큼 강하지 않다. 혈흔이 없다는 것은 시체가 객차 밖으로 던져지기 전에 범죄가 일어났다는 것을 의미할 수 있지만, 어떤 객차에서도 폭력의 증거는 발견되지 않았다.

C. 일치하지 않는다. 어떤 객차에도 폭력의 증거가 없다.

D. 위에서 제시한 이유로 논리적으로 일치하지 않는다.

E. 일치한다. 분명 다른 가설이 필요하다(그런데 누가 그것을 알아낼까?).

지도의 13번으로 간다.

19. 왼쪽: 1. F. W. 카슬리 2. P. J. 하몬드 3. S. A. 막시무스 4. O. D. 존스틴

가운데: 1. R. H. 라파엘스 2. P. J. 하몬드 3. B. B. 데브스 4. S. A. 막시무스

오른쪽: 1. F. W. 카슬리 2. R. H. 라파엘스 3. C. U. 크레이트 4. P. J. 하몬드

지도의 11번으로 간다.

20. When all other contingencies fail, whatever remains, however improbable, must be the truth. 모든 가능성이 사라진다면 마지막에 남은 것은 아무리 사실 같지 않더라도 모두 진실이다. **지도의 18번으로 간다.**

21. 7시 53분에 웨스트민스터에서 서쪽 방향 열차를 탄다. 8시 8분에 빅토리아에서 내린다. 8시 27분에 동쪽 방향 열차를 탄다. 9시 25분에 캐논 스트리트에서 내려 9시 27분에 서쪽 방향 열차를 탄다. 9시 31분에 맨션 하우스에서 내린다. 9시 34분에 다시 동쪽 방향 열차를 탄다. 9시 57분에 앨게이트에 도착한다. **지도의 4번으로 간다.**

22. 울타리에 적혀 있던 글이다: POLICE WATCH OUT! EVEN IF YOU TRY TO COVER UP, SHERLOCK HOLMES WILL REVEAL ALL THE REAL FACTS. 경찰은 조심하시오! 당신이 은폐하려고 해도, 셜록 홈즈가 모든 사실을 폭로할 것이오. (1-15-2-3-6-7-4-9-10-16-13-17-11-8-14-12-5-18). **지도의 6번으로 간다.**

23. 세 단어: VISITING 방문, BURGLARY 주거침입, UNLAWFUL 불법의. **지도의 16번으로 간다.**

24. 원 꼭대기에 있는 큰 타원형 보석이 달린 핀에서 시작하여 시계 방향으로 돌다 보면, 일곱 번째 아래의 것이 셜록 홈즈의 넥타이핀이다. 금 핀에 금으로 둘러싸인 둥근 보석이 달려 있다(정사각형과 길쭉한 보석 사이).

〈정답〉 셜록 챌린지

그리드 채우기

1

C	H	A	N	C	E
H	E	A	L	T	H
E	A	S	I	L	Y
S	T	R	I	N	G
T	E	A	P	O	T
P	R	A	I	S	E

2

B	O	U	N	C	E
E	L	D	E	R	S
R	A	T	T	L	E
M	O	R	S	E	L
S	A	N	I	T	Y
E	A	G	L	E	S

3

S	A	I	L	O	R
L	I	K	E	L	Y
A	D	M	I	R	E
S	T	A	P	L	E
F	A	M	I	L	Y
A	C	T	I	V	E

4

M	E	D	I	U	M
D	I	A	L	O	G
B	I	T	T	E	R
C	O	H	O	R	T
W	E	A	L	T	H
R	I	D	D	L	E

5

P	E	N	C	I	L
E	N	E	R	G	Y
V	I	K	I	N	G
I	R	O	N	I	C
L	E	N	G	T	H
P	A	C	K	E	T

6

O	C	C	U	P	Y
N	I	N	E	T	Y
T	O	F	F	E	E
T	A	I	L	O	R
C	H	A	I	R	S
S	U	B	T	L	E

숨겨진 단어

Chapter 1

H	E	A	T	E	R
1	2	3	4	5	6

Chapter 2

L	I	S	T	E	N
7	8	9	10	11	12

Chapter 3

S	I	M	P	L	E
13	14	15	16	17	18

Chapter 4

M	O	T	H	E	R
19	20	21	22	23	24

Chapter 5

I	G	N	I	T	E
25	26	27	28	29	30

Chapter 6

S	H	I	F	T	Y
31	32	33	34	35	36

셜록의 명언

"내 오랜 좌우명은 …라네."

T	H	E
29	22	11

L	I	T	T	L	E
7	14	4	35	17	23

T	H	I	N	G	S
21	32	8	12	26	13

A	R	E
3	24	30

I	N	F	I	N	I	T	E	L	Y
25	12	34	28	27	33	10	5	17	36

T	H	E
4	22	30

M	O	S	T
19	20	31	10

I	M	P	O	R	T	A	N	T
25	19	16	20	24	35	3	12	4

사소한 것들이야말로 무한히 중요하다

〈정답〉 지도 챌린지

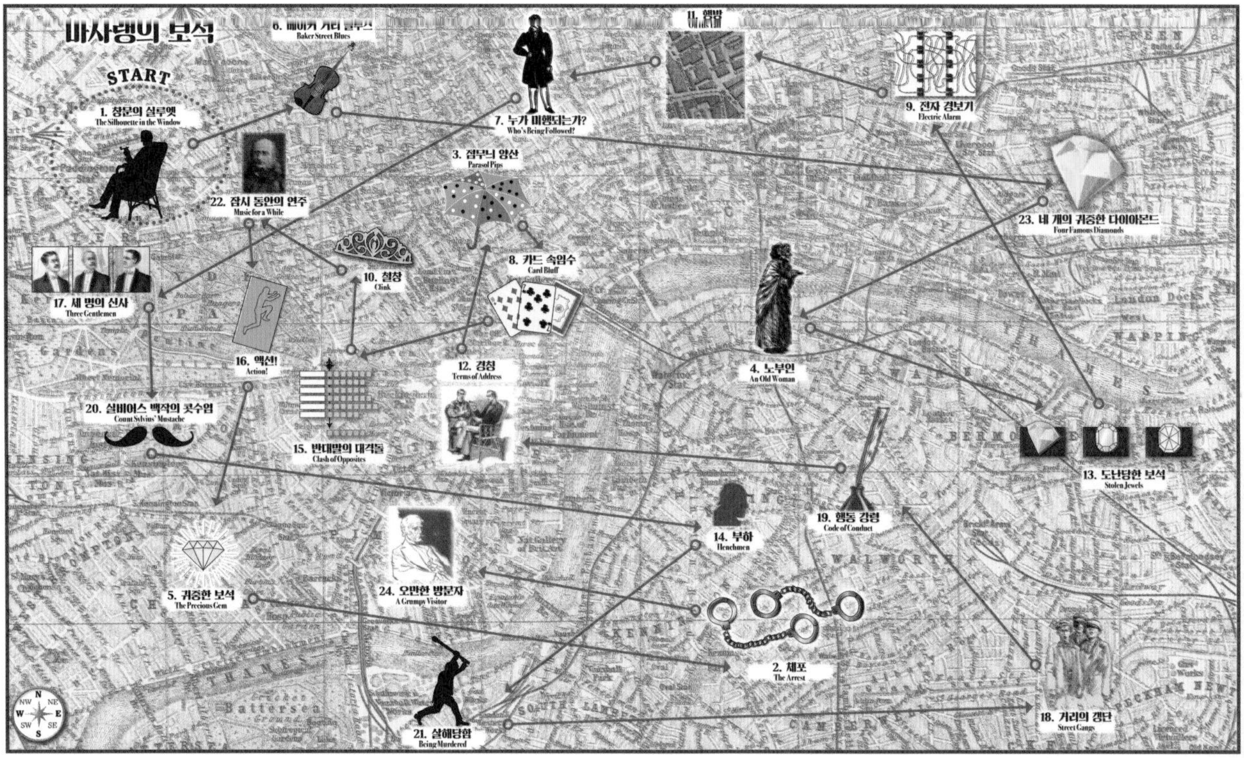

마사랭의 보석

START

1. 창문의 실루엣 The Silhouette in the Window
2. 체포 The Arrest
3. 집무늬 양산 Parasol Pips
4. 노부인 An Old Woman
5. 귀중한 보석 The Precious Gem
6. 베이커 거리 블루스 Baker Street Blues
7. 누가 미행되는가? Who's Being Followed?
8. 카드 속임수 Card Bluff
9. 전자 경보기 Electric Alarm
10. 철창 Clink
11. 혈맥
12. 경칭 Terms of Address
13. 도난당한 보석 Stolen Jewels
14. 부하 Henchmen
15. 반대말의 대격돌 Clash of Opposites
16. 액션! Action!
17. 세 명의 신사 Three Gentlemen
18. 거리의 갱단 Street Gangs
19. 행동 강령 Code of Conduct
20. 실비어스 백작의 콧수염 Count Sylvius' Mustache
21. 살해당함 Being Murdered
22. 잠시 동안의 연주 Music for a While
23. 네 개의 귀중한 다이아몬드 Four Famous Diamonds
24. 오만한 방문자 A Grumpy Visitor

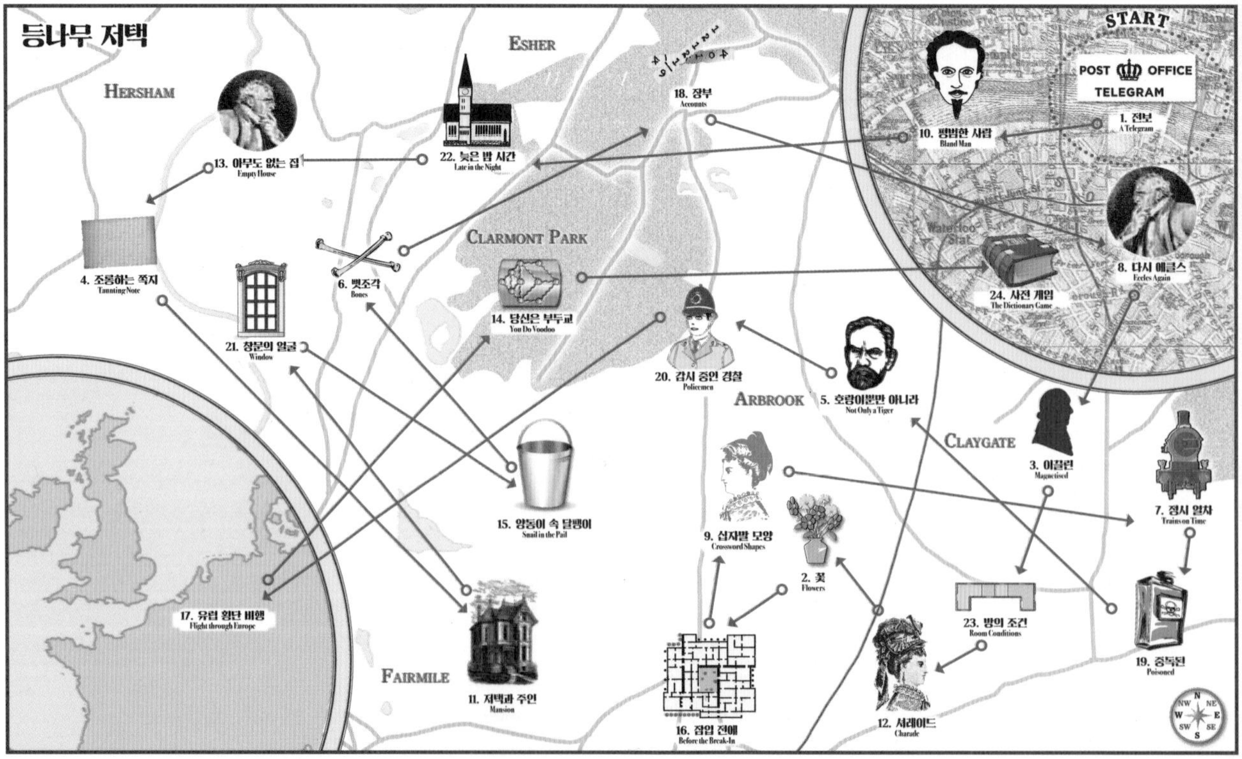

등나무 저택

START

POST OFFICE TELEGRAM

Hersham, Esher, Clarmont Park, Arbrook, Claygate, Fairmile

1. 전보 A Telegram
2. 꽃 Flowers
3. 이끌린 Magnetised
4. 조롱하는 쪽지 Taunting Note
5. 호랑이뿐만 아니라 Not Only a Tiger
6. 뼛조각 Bones
7. 정시 열차 Trains on Time
8. 다시 에클스 Eccles Again
9. 십자말 모양 Crossword Shapes
10. 밋밋한 사람 Bland Man
11. 저택과 주인 Mansion
12. 샤레이드 Charade
13. 아무도 없는 집 Empty House
14. 당신은 부두교 You Do Voodoo
15. 양동이 속 달팽이 Snail in the Pail
16. 잠입 전에 Before the Break-In
17. 유럽 횡단 비행 Flight through Europe
18. 장부 Accounts
19. 중독된 Poisoned
20. 감시 중인 경찰 Policemen
21. 창문의 얼굴 Window
22. 늦은 밤 시간 Late in the Night
23. 방의 조건 Room Conditions
24. 사전 게임 The Dictionary Game

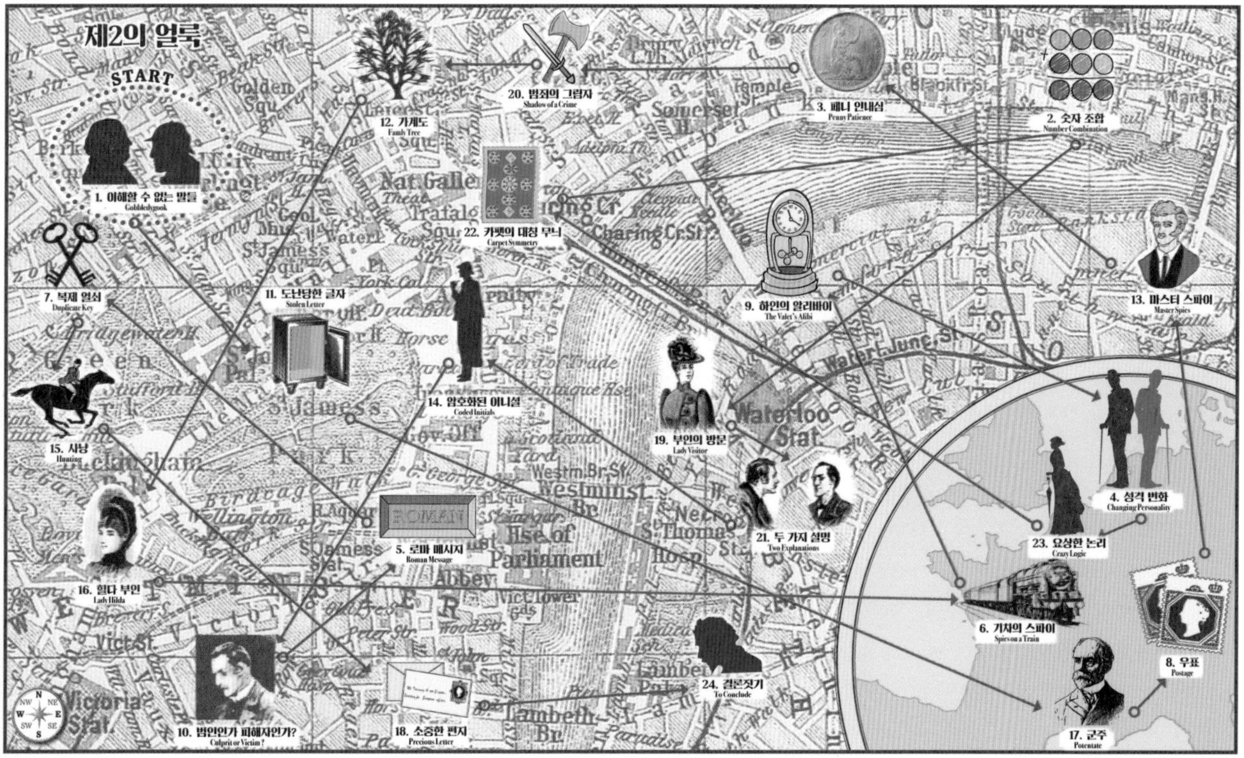

제2의 얼룩

START

1. 이해할 수 없는 발들 Gobbledegook
2. 숫자 조합 Number Combination
3. 페니 인내심 Penny Patience
4. 성격 변화 Changing Personality
5. 로마 메시지 Roman Message
6. 기차의 스파이 Spies on a Train
7. 복제 열쇠 Duplicate Key
8. 우표 Postage
9. 하인의 알리바이 The Valet's Alibi
10. 범인인가 피해자인가? Culprit or Victim?
11. 도난당한 글자 Stolen Letter
12. 가계도 Family Tree
13. 마스터 스파이 Master Spies
14. 암호화된 이니셜 Coded Initials
15. 사냥 Hunting
16. 힐다 부인 Lady Hilda
17. 군주 Potentate
18. 소중한 편지 Precious Letter
19. 부인의 방문 Lady Visitor
20. 범죄의 그림자 Shadow of a Crime
21. 두 가지 설명 Two Explanations
22. 카펫의 대칭 무늬 Carpet Symmetry
23. 요상한 논리 Crazy Logic
24. 결론짓기 To Conclude

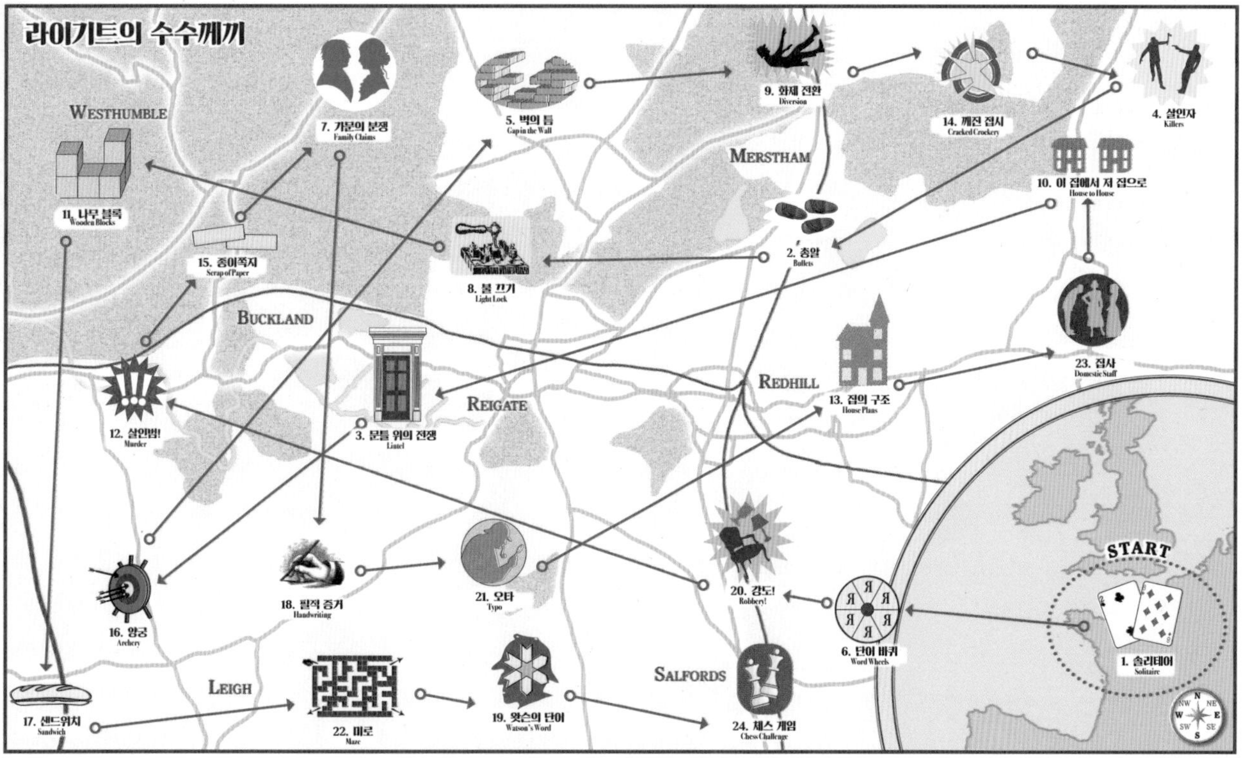

라이기트의 수수께끼

WESTHUMBLE
MERSTHAM
BUCKLAND
REDHILL
REIGATE
LEIGH
SALFORDS

START

1. 솔리테어 Solitaire
2. 총알 Bullets
3. 문틀 위의 전쟁 Lintel
4. 살인자 Killers
5. 벽의 틈 Gap in the Wall
6. 단어 바퀴 Word Wheels
7. 가문의 분쟁 Family Claims
8. 불 끄기 Light Lock
9. 화제 전환 Diversion
10. 이 집에서 저 집으로 House to House
11. 나무 블록 Wooden Blocks
12. 살인범! Murder
13. 집의 구조 House Plans
14. 깨진 접시 Cracked Crockery
15. 종이쪽지 Scrap of Paper
16. 양궁 Archery
17. 샌드위치 Sandwich
18. 필적 증거 Handwriting
19. 왓슨의 단어 Watson's Word
20. 강도! Robbery!
21. 오타 Typo
22. 미로 Maze
23. 집사 Domestic Staff
24. 체스 게임 Chess Challenge

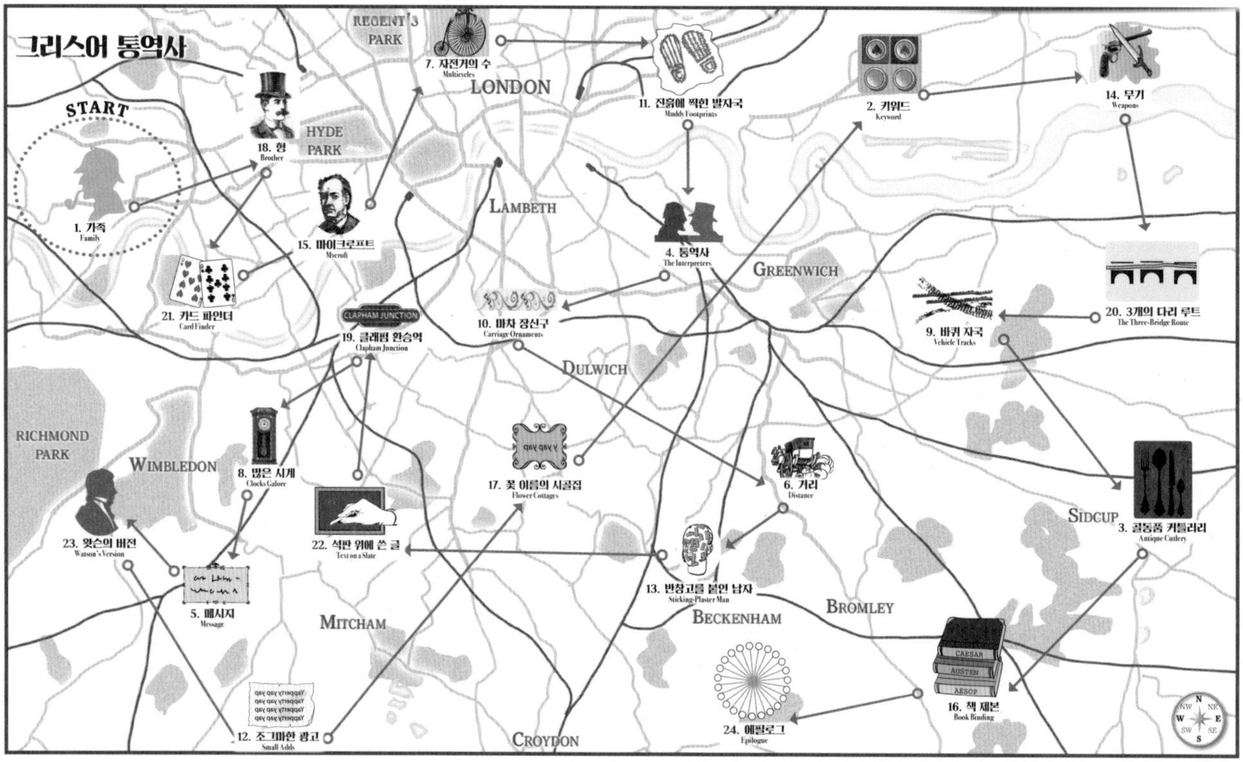

그리스어 통역사

START

1. 가족 Family
18. 형 Brother
15. 마이크로프트 Mycroft
21. 카드 파인더 Card Finder
19. 클래펌 환승역 Clapham Junction
7. 자전거의 수 Multicycles
11. 진흙에 찍힌 발자국 Muddy Footprints
2. 키워드 Keyword
14. 무기 Weapons
4. 통역사 The Interpreters
10. 마차 장신구 Carriage Ornaments
20. 3개의 다리 루트 The Three-Bridge Route
9. 바퀴 자국 Vehicle Tracks
8. 많은 시계 Clocks Galore
17. 꽃 이름의 시골집 Flower Cottages
6. 거리 Distance
3. 골동품 커틀러리 Antique Cutlery
23. 왓슨의 버전 Watson's Version
22. 석판 위에 쓴 글 Text on a Slate
13. 반창고를 붙인 남자 Sticking-Plaster Man
5. 메시지 Message
16. 책 제본 Book Binding
24. 에필로그 Epilogue
12. 조그마한 광고 Small Adds

REGENT'S PARK
LONDON
HYDE PARK
LAMBETH
CLAPHAM JUNCTION
GREENWICH
DULWICH
RICHMOND PARK
WIMBLEDON
SIDCUP
MITCHAM
BECKENHAM
BROMLEY
CROYDON
CAESAR
AUSTEN
AESOP

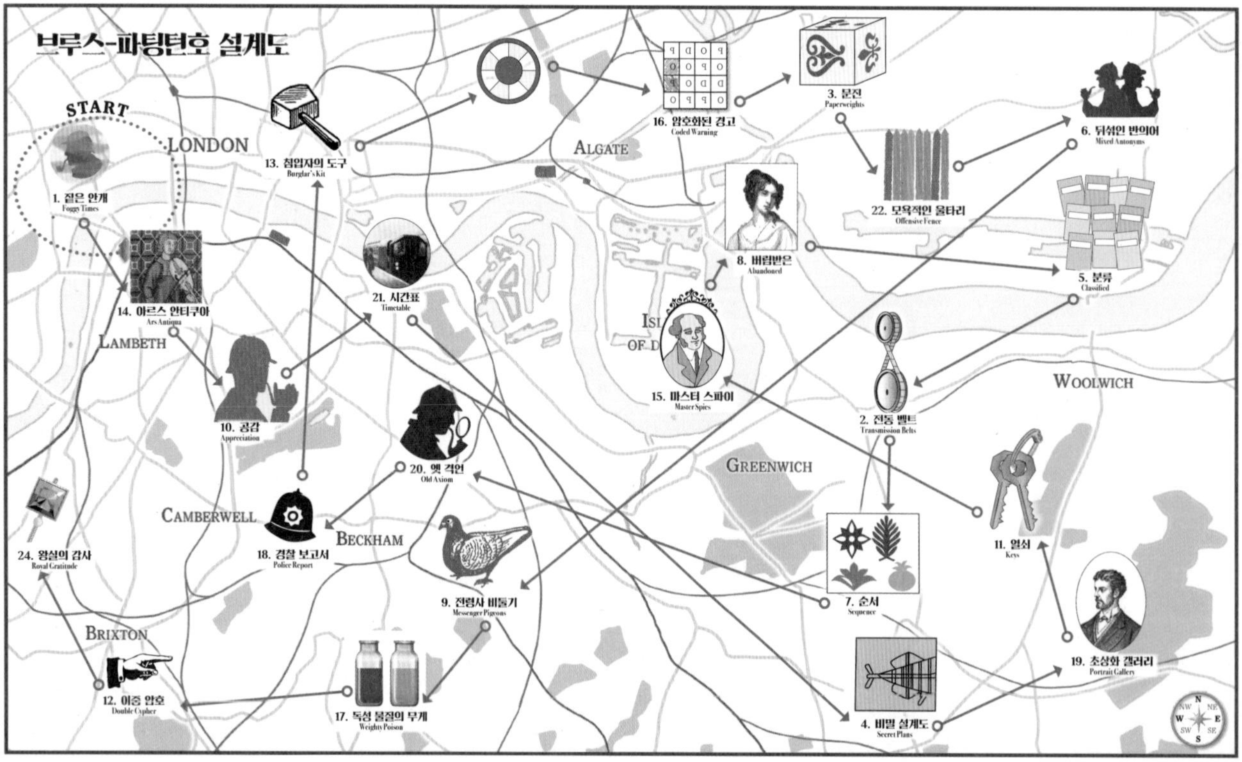

브루스-파팅턴호 설계도

START

1. 짙은 안개 Foggy Times
13. 침입자의 도구 Burglar's Kit
16. 암호화된 경고 Coded Warning
3. 문진 Paperweights
6. 뒤섞인 반의어 Mixed Antonyms
22. 모욕적인 울타리 Offensive Fence
8. 버림받은 Abandoned
5. 분류 Classified
14. 아르스 안티쿠아 Ars Antiqua
21. 시간표 Timetable
15. 마스터 스파이 Master Spies
2. 전동 벨트 Transmission Belts
10. 공감 Appreciation
20. 옛 격언 Old Axiom
11. 열쇠 Keys
18. 경찰 보고서 Police Report
9. 전령사 비둘기 Messenger Pigeons
7. 순서 Sequence
24. 왕실의 감사 Royal Gratitude
12. 이중 암호 Double Cypher
17. 독성 물질의 무게 Weighty Poison
4. 비밀 설계도 Secret Plans
19. 초상화 갤러리 Portrait Gallery

LONDON
ALGATE
LAMBETH
CAMBERWELL
BECKHAM
BRIXTON
GREENWICH
WOOLWICH